党员干部廉洁从政系列读物

新时代廉洁文化建设实务

李军燕 李文星 刘聪 ◎编著

人民日报出版社

图书在版编目（CIP）数据

新时代廉洁文化建设实务 / 李军燕, 李文星, 刘聪编著. --
北京：人民日报出版社, 2024.4.
-- ISBN 978-7-5115-8743-5

Ⅰ. D630.9
中国国家版本馆CIP数据核字第2025541NB1号

书　　名：新时代廉洁文化建设实务
　　　　　XINSHIDAI LIANJIE WENHUA JIANSHE SHIWU
作　　者：李军燕　李文星　刘　聪

责任编辑：刘天一
封面设计：陈国风

出版发行：人民日报出版社
地　　址：北京金台西路2号
邮政编码：100733
发行热线：（010）65369527　65369846　65369509　65369510
邮购热线：（010）65369530　65363527
编辑热线：（010）65363105
网　　址：www.peopledailypress.com
经　　销：新华书店
印　　刷：北京柯蓝博泰印务有限公司

开　　本：170mm×240mm　　1/16
字　　数：182千字
印　　张：13.25
版次印次：2025年8月第1版　　2025年8月第1次印刷

书　　号：ISBN 978-7-5115-8743-5
定　　价：68.00元

序
Preface

廉洁文化作为中华民族在漫长的历史实践中结出的璀璨文明成果，凝聚着中华民族整体的道德观、利益观、人生观，对中国社会有着深远持久的影响。它是中华文明的精神基因，亦是中国共产党人一脉相承的政治品格。

廉洁文化建设不仅是全面从严治党的关键战略工程，更是一场深刻的价值重塑与文化觉醒。它有着丰富的内涵，"廉者，政之本也"，它是节制克己的清白操行，是清廉自守的高洁品格，是公而忘私的为民情怀，是拒腐防变的政治坚守。廉洁文化不仅蕴含着中华民族的价值取向，还凝聚着中华民族的行为规范与道德准则，与道德品质、精神境界、价值理念、生活方式等有着深厚的联系。如何推动廉洁从制度约束迈向文化自觉，如何让清风正气充盈整个社会，是新时代亟待解答的命题，也是我们肩负的使命。

党的二十大报告明确指出，"加强新时代廉洁文化建设，教育引导广大党员、干部增强不想腐的自觉，清清白白做人、干干净净做事"。2022年2月，《关于加强新时代廉洁文化建设的意见》印发，加强廉洁文化建设成为全面从严治党的治本之策，直接关系到党的先进性和纯洁性。可以看出，在中华文化的历史演进中，无论是传统士大夫的"廉洁修身"，还是当下党员干部的"崇廉拒腐"，廉洁文化建设始终是政治文明的主题之一。

本书聚焦"实务",较为全面地阐述了廉洁文化建设的价值内涵,从权力运用、金钱诱惑、家庭关系等多个角度解析廉洁自律的行为准则,并旁征博引多类典型案例,深入浅出阐释廉洁自律、正风反腐的道理与经验,从而让更多读者能够有所感悟、有所收获,从理论与实践交融中探寻廉洁文化建设方法论,为各级党组织和党员干部提供兼具战略高度与实践深度的行动指引。

【目录】
Contents

第一章 廉政清明，心系家国

1. 清于小，方能廉于大 / 3
2. 家国育我，我报国家 / 7
3. 欲扫天下，先扫寸心 / 10
4. 彰显本色，不负国家 / 15
5. 以公为先，不徇私情 / 19

第二章 涵养廉洁文化，赢得生前身后名

1. 廉洁思想建设，是为官从政的内在需求 / 25
2. 宣传廉洁文化，弘扬清风正气 / 29
3. 崇廉尚德，从政以廉俭为要 / 33
4. 防微杜渐，廉洁要从点滴做起 / 37
5. 廉洁从政不偏移，铸就生前身后名 / 40

第三章　善用手中权力，培养廉洁观念

1. 回溯古今，当知用权为公不为私　/　45
2. 防止权力滥用，克服内心欲望　/　48
3. 无私奉献显本色，廉洁行事作表率　/　53
4. 权为民用，清廉务实勇担当　/　57
5. 权力最易迷人眼，不察便要落马蹄　/　60
6. 合理行使职权，忠诚履职尽责　/　63

第四章　拒绝金钱诱惑，践行廉洁作风

1. 金钱无罪，欲望才是原罪　/　69
2. 利不可滥权而得，取之应遵其道　/　73
3. 钱途不是前途，执迷金钱万劫不复　/　76
4. 财帛能动人心，横财亦是香饵　/　79
5. 干部者，当轻财、重义、为民　/　84
6. 清正廉洁可传家，遗金满籝常作灾　/　87

第五章　正确处理感情，消灭腐败萌芽

1. 发挥表率作用，情不可高于法　/　93
2. 美色亦是毒药，引发腐败萌芽　/　96
3. 防范不良情感，坚守廉洁品质　/　99
4. 注重养气修身，抵御美色诱惑　/　103
5. 纵有夫妻责任，公私亦要分明　/　106

第六章　对外谨慎交友，打造廉洁社交

1. 恪守交友原则，树立廉洁文化风向标　/　111
2. 友直、友谅、友多闻，益矣　/　114
3. 广交朋友，但不可逢人称友　/　118
4. 朋友者，君子之交为上、小人之交远之　/　121
5. 不与酒肉朋友交往，干干净净方得始终　/　125
6. 明确交友原则，稳定社交圈子　/　128

第七章　对内以身作则，建设廉洁家庭

1. 环境各异，家庭影响廉洁意识　/　133
2. 追本溯源，消除家庭廉洁隐患　/　137
3. 树立家风，修身齐家廉洁不辍　/　141
4. 从严要求，培养儿女廉洁思想　/　145
5. 以身作则，增强家人廉洁意识　/　149
6. 清简生活，全力打造廉洁家庭　/　153

第八章　廉洁乃为政之道，修身乃立世之本

1. 坚定意志，不为外物惑　/　159
2. 忠诚履职，爱岗尽责　/　163
3. 人非圣贤，知过而能改　/　167
4. 鞠躬尽瘁，丹心图报国　/　171
5. 不慕荣华，淡泊以致远　/　175
6. 坚守规矩，廉洁正本心　/　178

第九章　强化监督管理，构筑廉洁防线

1. 自我监督，促进廉洁文化建设　　/　　185
2. 监督制度，廉洁从政的重要保障　　/　　189
3. 身边好友，最有力的谏言者　　/　　192
4. 家中亲人，最无私的建言者　　/　　196
5. 闻过则喜，从意见中自我提升　　/　　199

第一章
廉政清明,心系家国

"国无廉则不安,家无廉则不宁。"清正廉洁是中华民族的传统美德,在维系国家安稳、家庭和睦方面有着重要意义。加强党风廉政建设,是历史发展与社会进步的共同要求。党员干部要心怀家国大义、树立崇高理想,在生活与工作中要做到廉洁奉公、清廉自律,如此,方能无愧于人民、无愧于家国。

1. 清于小，方能廉于大

廉洁自律是党员干部的基本操守。在面对纷繁复杂的世情变化与目眩神迷的各种诱惑时，党员干部要谨守立身之本，始终慎独慎微，方能筑牢拒腐防变堤坝，自觉做到廉洁从政。"心不动于微利之诱，目不眩于五色之惑。"强调守小节、防微变，从根源上杜绝利益诱惑，方能不亏大节、不成大患。

历朝历代，都不乏贪污腐败的官员，很多人家资殷盛，但仍欲壑难填，就是因为"贪腐"的思想深入骨髓。很多时候，腐败的缺口都是被小事小节打开，从接受一包烟、吃一顿饭，到挥霍百万元；从收小礼、还人情，到大搞钱权交易……正是从小事小节开始，底线不断下沉，原则全然丢失，逐渐将公款消费、人情买卖等视作常态，从而发展为骇人听闻的巨贪，堕入违纪违法的深渊。

不守小事小节，必毁大事大节。每次在小节上的让步，都会让纪律意识淡薄一分、让人民情怀淡化一分，直至荡然无存。党员干部对待小事小节的态度，充分体现了其党性原则与品德修养，只有谨守小节，做到"非我所有，分毫不占"，追求"磊落光明，两袖清风"，崇尚"清廉自守，廉洁如水"，自觉抵御形形色色的利益诱惑，甘心归于平平淡淡的清简生活，才能真正成为人民群众信赖的清廉干部。

"堤溃蚁孔，气泄针芒"，不论在任何时刻、任何岗位、任何环境，党员干部都要做到慎独慎微。越是隐蔽而不为人知的地方，越要守住底线，越是细微而不见监督的环节，越要从严做起，做到不放纵、不越轨、不逾矩，让廉洁自律成为生活习惯，让党纪国法成为行动准则。

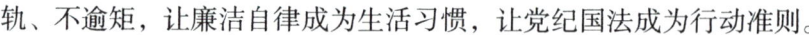

"这都是家乡的土特产，不值几个钱，就当是朋友间的礼物，不收下就是不给我面子。"这是商户张某对该区域的监察大队队长田某所说的话。自任职以来，田某因为职务关系，经常同多家企业和商户打交道，一来二去，大家也逐渐熟络起来。

因为党规党纪的约束，再加上前任大队长因为腐败而被撤职的教训，田某在用权方面还是比较谨慎的，不敢收受他人的贿赂。他对走后门、谋私利的事情一概拒绝，也正是这种如履薄冰的心态让他安稳地任职了数年。

但是田某有两大爱好：抽好烟、喝好酒。工资又不能支持他毫无顾忌地享受，张某得知后，便投其所好，开始用烟酒拉近彼此的关系。

在几次来往后，两人成为普通朋友。再后来，张某经常请田某吃饭聚会，还会买上好烟好酒，一起享受。起初，田某稍显抗拒，但是抵不住烟酒的诱惑，便屡次赴约。后来更是自欺欺人，告诉自己：这只是正常的人情往来，只要自己不受贿，就不会出什么大事。

吃饭的次数多了，两人越发熟络。张某是个善于经营人际关系的人，每逢节假日都会以朋友往来的名义送给田某香烟、白酒。几番攻势下来，田某完全被俘虏，开始主动为张某提供便利。部门聚餐，他会安排在张某的饭店；上级突击检查、全面检查时，他会提前透风给张某。

田某本以为可以一直这样平安无事，可没过多久，田某就因为多次收受烟酒等贿赂被举报。在调查过程中，他如实交代了与张某的人情往来，后被给予纪律处分。

"莫见乎隐，莫显乎微"，小事小节，可以看清一个人的品德与操守，能够检验一个人的修养与品质。不少大贪巨腐都是从小事上撕开口子，继而一发不可收拾的。对于行使公权力的公务人员而言，务必增强警觉意识，防微杜渐。田某的违纪行为虽然危害不大，但若放任自流，谁能保证不会酿成大祸呢？

心不廉则无所不取，心无防则无所不为。只有在小事小节上守住底线、坚定原则，只有将防腐拒变的意识铭刻心底，才能真正无惧风浪。党员干部要树立慎微观念、发扬慎独精神，生活中去骄奢、戒名利，自觉培养高雅的生活情趣，追求简朴的生活作风，提纯党性、淬炼信仰，真正做到清廉自守、不负家国。

陶侃是东晋名将，幼时家境较差，陶母湛氏以纺织维持家庭生计，支持陶侃读书明理，鼓励儿子结识道德高尚、学问优秀的人。每当有朋友来拜访时，湛氏都会想方设法招待，甚至截去长发换回几斛米，也不愿意在礼仪上有所缺失。

陶侃出仕后，曾在浔阳任"监鱼梁"的小官，负责捕鱼及相关业务。念及母亲多年的辛劳，陶侃为母亲寄去一罐腌制的鱼干。但是陶侃没有想到，母亲并没有接受，不但将鱼干原封退回，还寄来家书，上面写道："尔为吏，以官物遗我，非唯不能益吾，乃以增吾忧矣。"她告诫陶侃，"监鱼梁"虽是小官，但代表着朝廷的形象；鱼干虽不贵重，但不能假公济私。这封家书让陶侃流泪不止，此后他牢记母亲的嘱托，坚决不做损公肥私的庸官腐吏。任职期间大力整顿吏治、发展民生，尤其在荆州任职时，在他的治理下当地人路不拾遗，后人因此称他为"陶荆州"。

鱼干虽小，却折射着陶母的教子智慧，正是通过这种言传身教，让陶侃明白"清廉"二字的价值内涵，更加重视修身养德、廉洁自律，真

正做到"清于小,廉于大"。

党员干部应当谨守党纪国法,涵养廉洁情怀,做到防微杜渐、慎始慎终,培养见微知著的洞察能力,筑牢防腐拒变的堤坝;杜绝吃喝享受,始终提高警惕、严守规范,在细枝末节上把好关、守好门,做到从思想上自觉抵制腐败、杜绝腐败,从而远离腐败。

2. 家国育我，我报国家

《孟子·离娄上》中云："天下之本在国，国之本在家。"在中国传统的伦理道德观念中，天下与家国是一体存在的，个人的前途发展与国家命运紧密相连。

作为个体，要如何精忠报国、守护家邦？有抗击外侮、守护国土者，有创新求强、锐意进取者，有折冲樽俎、挽护国威者……虽然报效祖国的方式不同，但殊途同归，均源自对国家繁荣昌盛的期盼。对于今天的广大党员干部来说，爱国、报国当要清正廉洁、天下为公。

"四维不张，国乃灭亡"，"礼""义""廉""耻"是维护国家安稳、社会和谐的基石与方略。纵观历代治乱兴衰，繁荣之世必始自清廉简朴，衰亡之世必始自奢靡豪富。腐败现象的发生会使国家承受沉重的经济代价与政治代价，损耗国家的元气，而只有推动廉政建设，倡导文明风尚，才能为国家的繁荣稳定保驾护航。

从国家长治久安的角度来说，能不能守住清廉之风、推进廉洁建设，在于广大党员干部的人生观、价值观、权力观、政绩观是否正确，说到底就是党性问题、思想问题。中国共产党之所以能够始终得到人民群众的认可与信任，就在于无数党员干部自觉恪守"天下为公，官为民仆"的价值理念，将爱国之情转化为报国之志，追求生活上的清简、思想上的纯粹、信仰上的坚定，真正将清正廉洁落到实处、落进人民群众的"心坎里"。

清正廉洁与爱国报国是辩证统一的关系，党员干部要明晰两组关系的内涵，树立天下为公的崇高境界，涵养道德操守、培养简朴作风、谨守法规法纪，让廉洁思想内化于心、外化于行，在实践行动中明心见意、厚培爱国情怀。

---------------------------------※

严嵩是明世宗时期的权臣，专权达20年。

敛财是严嵩做首辅时的唯一追求，由于他把持朝政，嘉靖年间的财政收入急速下滑，这也成了明朝走向衰败的开端。

他的儿子严世藩是他贪腐路上的得力助手，父子俩采用多种方式贪腐：卖官鬻爵——无视官员能力、品行，官员升迁以拿出的贿金为准，且各个官阶都有对应的定价；贪赃枉法——利用手中职权干预司法事务，只要向父子俩行贿，就不用按法律制度受罚；侵吞军饷——兵部发放军费后，早上户部经手，晚上就有大部分流入严府；巧取豪夺——利用手中职权牟取私利，从他人手中得到大量书画古玩，若不得愿，涉事者遭殃。

最终，家产被没收，严世藩被斩首，严嵩被削去官职，两年后病死。死后无棺木下葬，亦无人吊唁。

※---------------------------------

"巨贪误国"，作为国家重臣，严嵩不知忠心侍君、护国安民，反而专权揽政、中饱私囊，更败坏了官场风气，实在是国之不幸。对今天的广大党员干部来说，要警钟长鸣，从古代官员的贪腐案件中吸取教训。

作为新时代的党员干部，要以史为鉴、以古为鉴，既要有报国之志，又要重报国之行，要涵养清正廉洁的道德品质，敢于同腐败行为作斗争，要坚决抵制、勇于检举，以实际行动弘扬清风正气，共同塑造清正廉洁的官场环境。

---------------------------------※

"君视名利如粪土，许身国威壮河山"，这是纪念伟大爱国科学家邓稼先的诗句。纵观邓老的一生，可以说他无愧于

家国，而邓老安于清贫、矢志不渝的爱国情怀也给予我们极大的激励。

1948年10月，邓稼先赴美国普渡大学物理系学习深造，历时一年成功取得物理学博士学位。美国向他抛出了"橄榄枝"，而邓稼先毫不犹豫地选择了回国，决心用毕生所学报效祖国。

1958年的中国急需发展核事业，但人才储备不足。在这样的形势下，邓稼先临危受命，他的选择意味着后半生只能隐姓埋名，意味着要离开妻女，意味着要扎根艰苦的边荒地区，但他决然无悔。

邓稼先为祖国和人民作出了巨大的贡献，但他从不追求功名利禄，生活简单朴素，工作任劳任怨。

在北京工作期间，单位给他分配住房、安排专车，邓稼先却从来不使用。他认为做好本职工作是为了服务人民，并非为了奢侈享受，并且强调："做科研，一定要受得了清苦，着实不容易。我的孩子在上学时我就对他说，要真想做科研，得费些力气。"

邓老一生简朴，贡献却极为卓越。"心有大我，至诚报国"，为了中国核事业的发展，为了提升中国国际地位，邓老奉献了全部的才智、精力、荣誉，乃至生命。

一代人有一代人的使命，一代人有一代人的担当。广大党员干部要涵养爱国情怀、保持奋斗姿态，要发扬艰苦奋斗的精神，以实际行动追求业绩、助力复兴；要培育清正廉洁的政治品格，坚定理想信念，淬炼党性修养，以优良作风与高尚品格践行使命，做中国式现代化事业最坚定的拥护者和实践者。

3. 欲扫天下，先扫寸心

"文化而润其内，养德以固其本"，修身既是对自然万物的思考，也是精神境界的升华。尤其对党员干部来说，面对形形色色的利益诱惑、承受各种各样的糖衣炮弹，如何守住初心、坚守清廉，是至关重要的现实问题。

习近平总书记强调："党性教育是共产党人修身养性的必修课，也是共产党人的'心学'。"在新的历史方位下，中华民族伟大复兴势不可当，广大党员干部重任在肩，想要走好这段征程，就必须有坚定的政治信念、过硬的政治品格、优良的政治作风，要在"心学"修炼上驰而不息，将自持自律作为谋事成事的根基。

历史经验告诉我们，修身自律是成功与否的关键。今天的广大党员干部，更要深刻认识到修身自律的重要意义，要时刻保持自省自觉，涵养浩然正气。

现如今，随着物质生活水平的提升，有少数党员干部追求奢侈享受，贪图口腹之欲，甚至迷恋权色交易，归根结底，是自我修养不到位，不能将廉洁思想常驻心底，对党纪国法缺乏敬畏。

不能胜寸心，安能胜苍穹。党员干部涵养廉洁思想、追逐崇高理想，要强化纪律约束、辨明公私界限、严肃生活作风、培育健康情趣，做到慎独、慎微、慎权。慎独就是要涵养纪律意识、坚守道德规范，在任何时刻，清正廉洁的思想信念都不能动摇，做到有始有终、矢志不渝。慎微就是要防微杜渐、洁身自爱，从生活作风、行为规范上加强自

第一章 廉政清明，心系家国

我约束，崇尚清廉朴素的生活作风，追求积极健康的生活情趣，让清风正气盈满"胸襟"。慎权就是要公私分明、廉洁自律，做到明纪以自守，怀德以自重，不以权谋私、不因私废公。

范仲淹，北宋杰出的政治家、文学家，其"先天下之忧而忧，后天下之乐而乐"的思想对于后世有着深远的影响。范仲淹文武兼备，不论是主政一方，还是出帅戍边，都能够把事务处理得井井有条。更值得推崇的是他清正廉洁的品格与忧国忧民的情怀。

范仲淹家境窘迫，自小就养成了清简的生活作风，长大后孤身前往应天府求学。读书期间，范仲淹没有独立的经济来源，只能顿顿以清粥为食，日子过得很艰苦，他却怡然自得。

一位同窗好友发现他的窘迫，便想给予帮助，于是提出让范仲淹和自己一同吃饭，被范仲淹婉拒了。范仲淹诚恳地告诉同窗，白粥虽然清淡，却可以饱腹，如果习惯了精美的饮食，就再也无法适应白粥了。同窗听完十分钦佩，不再强行要求范仲淹接受帮助，但更愿意跟他一起探讨学问。

大中祥符七年（1014），彼时皇帝路过应天府，人人争先恐后地瞻望天子容颜，范仲淹却依然埋头苦读，同窗拉着他一起去看，范仲淹则平静地说道："将来再见也不晚。"

在清贫节俭的生活中，范仲淹勤学苦读，学问日益精进，后来成功考取进士，开启了政治生涯。

在中国人的哲学观中，"修齐治平"是一个完整的人格形成过程。范仲淹少有大志，安于清贫，在困苦的生活中锤炼了清廉的品质与远大的志向，这也成为他开创功业的基石。"大学之道，在明明德"，强调的便是修心修身的重要性，只有明确志向追求、坚定道德思想，才能做到不惑不乱，心如止水，稳步前行。

因此，广大党员干部要注重修身功夫，要锤炼忠于国家的大德、清正廉洁的公德、自守自律的私德，要扫除贪欲、清除私利，让廉洁思想盈满胸怀，成为人生奋发的价值底色。

---※---

东汉时期，有一个大贪官倒台后居然有300多名官员牵涉其中，这个大贪官就是梁冀。

梁冀掌权20多年，曾三次参与皇帝的废立，前前后后让7个梁家人封侯。梁氏家族中有3人做了皇后。拥有这般权势和地位，梁冀为所欲为。他让人将各地富翁的名字和财产做好登记，而后选中目标编造各种罪名，将其关入大牢，如果富翁识趣地将个人财产的大部分拿出来给梁冀，就可以因"自赎"活命，否则会被残忍杀害或流放，他们的财产就装入了梁冀的腰包。

当时，有一个叫士孙奋的富豪，梁冀故意向他借五千万两白银，同时赠送给他四匹马。士孙奋本想一分不借，但又忌惮梁冀的恶名，最后不情愿地拿出了三千万两白银。

梁冀十分生气，很快让当地官吏将士孙奋打入大牢，折磨致死，他则顺利地吞下士孙奋的财产，给出的理由十分荒诞：士孙奋的母亲在梁家管理财物，偷了十斛白珠、千斤紫金。显然，为了满足个人贪欲，梁冀无所不用其极。

最终，汉桓帝借助"五侯"力量迫使梁冀自杀，并灭其九族。在查抄其家产时，共抄得价值三十多亿两白银的财物，悉数充入国库。

---※---

贪乃万恶之源，梁冀无休无止地追求物欲，且手段卑劣，令人发指。鉴古知今，今天的党员干部，务必警钟长鸣，保持清醒和坚定，不断提高思想认知，涵养清廉之志，扫除内心之尘。

人有所畏，业有所成。涵养清廉之志的关键，在于自持，要约束自己的言行举止，控制自己的私心杂念，做到不困于心、不乱于情。

尹计平，河北省正定县正定镇塔元庄村党委书记，全国劳模。2021年6月，尹计平被中共中央表彰为全国优秀共产党员。

尹计平的心里只装着老百姓。他甘于奉献，吃苦在前、享乐在后，除私心、守公心，经过20余年的努力，带领全村党员干部把塔元庄村一步步拉进小康队伍。

尹计平很早就研究制定了该村村干部要遵守的"三不三清"纪律——不吃、不拿、不贪，自身清、家庭清、朋友清。还让村干部一一签下"廉洁承诺书"，自觉接受党员、群众的监督，严格遵守党纪。尹计平带领的村干部班子在老百姓心中树立了清正廉洁的形象。

2008年3月，塔元庄村启动了"旧村改造"工程，需要拆除部分平房。对此，一些村民想不通，因为他们习惯了住平房，不愿住楼房，加之一些平房刚盖不久，舍不得拆掉。尹计平见此情形，马上召开干部会议，表示："先从村干部拆起！"很快，他自己家的房子被拆掉了，并且他承诺拆房先拆干部，分房先分群众。有了这个承诺，村民悬着的心落地了。如今，家家户户都住进了新楼房。

"党员干部没私心，才能得民心。"尹计平是这样说的，也是这样做的。多年来，尹计平始终秉持一颗公心，凡事冲锋在前，以身作则。

"人不能私心太重，尤其是我们基层的党员干部，要做事情，就必须让人信服……"尹计平说到做到，始终一心为公、一心为民。

无私心才能守公心，有公心方能育廉心。秉持公心、一心为民的尹计平，正是因为自持，能够做到先公后私，甚至"有公无私"，才不会滋生私心杂念，才不会为己谋利，这也是涵养清廉之志的关键。

新时代党员干部，必须持续加强党性修养、提高思想境界、涵养廉洁之志，成为有作为、有能力、有前途的优秀干部。要做到这一点，一是持续深化理论学习，把握"为什么要从政"的关键问题，坚守人民至上理念；二是做到自重自省，检视自我行为、对照党规党纪，自觉杜绝不良作风，洁身自好、清正为官；三是培育敬畏之心，敬畏规则，主动扫除思想尘埃、坚定行动方向，一心为公、一身正气、一尘不染。

4. 彰显本色，不负国家

习近平总书记告诫广大党员干部："廉洁奉公，就是保持共产党人艰苦朴素、公而忘私的光荣传统，从不以功臣自居，不计较个人得失，不贪图享受，守纪律、讲规矩，生动体现了共产党人应有的道德风范。"

历史与实践充分证明，中国共产党有着鲜明的政治品格与优良的生活作风。不管是在经济极其困难的过去，还是在生活物资富足的今天，中国共产党始终秉持艰苦奋斗、清正廉洁的优良作风，这也正是人民群众愿意拥护党、信赖党、跟随党的重要原因。

"廉者，政之本也"，廉洁从政、公而忘私是历史发展与人民群众对党组织的要求。党员干部以"身"入党，更要从"心"入党，要传承党舍身忘我的革命精神，学习党光明磊落的光辉品格，发扬党艰苦奋斗的优良作风，坚持廉洁从政、公私分明、慎重用权、以身作则。既要心怀家国大义、赓续红色血脉，更要磊落光明、力戒奢靡，做到干干净净用权、清清白白从政。

公共权力来自人民，并非私人所有，这是每位党员干部应当牢记的宗旨。"任天下之大，立心不可不公；守天下之重，持心不可不敬。"作为权力的行使者，党员干部要提高思想觉悟、锤炼思想作风、严守从政品德，清晰认识自己的职责与使命，坚守自己的岗位与职责，持续增强拒腐防变能力，坚持高尚的精神追求，永葆共产党人的浩然正气，如此，方能无愧于家国、无愧于人民。

------------------------※

  王某是某县财政局局长，任职已有五年，平时总喜欢吃吃喝喝，所谓"联络感情"。

  这一年元旦，王某带着财政局领导班子及工作人员一行12人前往农家院聚餐，菜品奢侈、酒水名贵，大家的情绪很是高涨。

  酒席完毕后，王某指示财务人员按照接待费用列支，共支付一万元。一个月后，县纪委监委根据群众举报，前往农家院查证。调取了消费账单及支付记录后，工作人员对王某进行约谈，并询问单位的财务人员，发现类似的情况并不少见。不只是部门聚餐，王某招待亲戚朋友的费用都会挂在接待费用里，数年下来，增开费用达到了数万元。事实摆在眼前，王某只得承认。最终王某被通报批评，并要求补齐费用。

※------------------------

  严于律己，廉洁奉公，是党员干部的从政品格。王某假公济私的行为，不仅给单位财政造成一笔"糊涂账"，更会在单位内部掀起不正风气，极大地损害组织的公正性与威信力。

  从近年来反腐败斗争的"虎案""蝇案""狐案"来看，多数领导干部就是因为公私不明、以公谋私，最终滑向腐败的"深渊"。这也警示广大党员要自觉管住手脚，克服贪欲，做到不贪不占、不索不图；勤掸"思想尘"，常破"心中贼"，多思"贪欲害"。主动从严要求自己，恪守执政为民、公心向党的道德准则，拒绝以权谋私、公器私用的不正行为，持续打好党风廉政建设和反腐败斗争攻坚战持久战。

------------------------※

  "粉骨碎身浑不怕，要留清白在人间"，这是明朝名臣于谦所写的诗句，也是他光明磊落、清正廉洁一生的真实写照。

  于谦所处的时代，正是明朝由盛转衰的时期。彼时清明的吏治已经腐败，官场上贪污索贿的行为屡见不鲜。而作为治世能臣的于谦，始终坚守名节，冀求清白。

正统七年，负责辅佐朝政的"三杨"等老臣相继去世，明英宗开始执掌大权，心腹太监王振因此受到重用。王振负责审核官员的选拔情况，并开始明目张胆地收取贿赂。根据史料记载，当时的百官大臣争相"献金求媚"，希望能够谋求好差事。

当时的于谦在外地任职，时常进京奏事，对于百官献媚的行为嗤之以鼻，并从不带任何礼品。有关系亲近的官员劝说于谦，可以稍微带点土特产，以免被针对。于谦则举起两只袖子说："吾唯有清风而已。"

于谦不仅在气节上令人钦佩，而且生活朴素，日用节俭，堪称清廉表率。从官35年，屡任高官，但从不索贿，全凭俸禄度日，对皇帝的赏赐也是力辞不受。

堂堂正正做人、清清白白做官，这是于谦的价值追求，也是他留给我们的宝贵精神财富。

人民的好公仆——焦裕禄，在神州大地上是一个家喻户晓的人，他以自己的一言一行、一举一动展示了优秀共产党员的风采。他清廉自守、无私奉献、艰苦奋斗、亲民爱民，无愧于党、无愧于人民。

他对党忠诚。从三写入党申请书，足见他对加入党组织的渴望。在成为党员后，焦裕禄始终严守党的政治纪律。

他服从安排。焦裕禄总是无条件服从党组织的安排，无论身在哪个岗位，始终全力以赴做好工作。不管是当年带领彭店区1000多人的队伍奔赴前线，冒着生命危险运粮、拉伤员；还是被调到洛阳矿山机器厂，从农业领域跨行进入工业领域，从零开始学相关知识，历经9年时间，与工友研制出全国首台直径2.5米双筒提升机；抑或是临危受命，去往兰考县攻坚克难，他都不曾退缩。

他廉洁奉公。焦裕禄的妻嫂曾多次请求他为自己的儿子安排工作，他始终不答应，并说："作为一个领导干部，绝不能光考虑自己的事，对待自己要和群众一样，政策允许我还能不办？政策不允许，让我办也不能办！"

他心系群众。焦裕禄常说，共产党员应该在群众最困难的时候出现在群众面前，在群众需要帮助的时候去关心群众、帮助群众。在兰考时，焦裕禄时时、事事想着群众。有一天夜里刮风下雪，第二天天一亮，焦裕禄马上召集大家开会，说："这场雪越下越大，它会给群众带来很多困难，在大雪拥门的时候，我们不能坐在办公室里烤火，应该到群众中去。"之后，同志们在他的带领下一连跑了9个村，慰问了几十户困难群众。

他严明纪律。不管是工作中，还是生活中，焦裕禄始终严格要求自我，工作上事事带头，模范遵守党的纪律，生活上更不搞特殊、不享特权。一次，焦裕禄看到妻子去县委食堂打了一壶开水，当即批评了妻子："这个开水，你提了用，你可是方便了，但你是县委书记的老婆，不能带头破坏了办公的秩序。"一壶开水，让焦裕禄意识到干部绝不能因小失大，造成不良影响。

焦裕禄，这个一切为民的好干部，用自己的言行举止彰显了本色，用自己的实际行动报效了国家和人民。

今天的党员干部，不论在任何时刻，都要坚守廉洁自律的底线，坚定不移地与作风问题、腐败问题作斗争，要将行为准则与党的优良传统和作风紧密相连，廉洁自律、以身作则、率先垂范，永葆共产党人清正廉洁的政治本色。

5. 以公为先,不徇私情

"不受曰廉,不污曰洁",这句话出自《楚辞·章句》,意思是不接受他人馈赠的钱财礼物,不让自己清白的人品受到玷污,就是廉洁。"廉洁"涵盖了对道德标准、行为规范的要求,是党员干部立身处世的基础。人吃五谷,自然不能避免病害;立身处世,也有功名利禄之心,这些都是无法避免的。但利益有大小、有公私,需要审慎衡量。

党员干部的公私之念,不仅影响党组织的生命力与纯洁性,与个人的前途命运也有着深刻联系。对手握公权的干部而言,权力既是信任,也是考验,必须清晰界定、审慎使用,绝不可将公权与私心混淆,更不能用公权承载私欲,否则必招苦果。

古语云:"见小利,不能立大功;存私心,不能谋公事。"对党员干部而言,服务人民是公事、是远谋,奢侈享受是爱好、是私欲,适度享受是人之常情,但如果混淆公私界限、以权谋私,则是纪律问题和原则问题。

"公"是"廉"的载体,"私"是"贪"的温床。纵观党的百年历史,之所以能够披荆斩棘开辟新路,之所以能够始终得到人民的拥护和支持,就在于无数去除私心、爱国情切的先驱者和领导干部始终以"人民"为公、以"家事"为私,做到了"先公后私""公而忘私"。

中国的繁荣昌盛在于无数共产党人的奉献牺牲。他们也向往舒适稳定的生活,也有内心中牵挂的亲友家人,但因为祖国和人民需要,便毅然决然勇担使命、无私奉献。这种奉献精神生动诠释了共产党人"为人民服务"的宗旨,展示了"人民至上"的崇高境界。

广大党员干部要以史为鉴、以史明智,既要明确公私之序,不逾规、不越线,更要涵养公而忘私、大公无私的高尚品格,将"公"的需要凌驾于自己的私欲之上,主动为国家利益、组织利益、人民利益作出让步、奉献自我,坚定站稳人民立场,以实际行动展现家国情怀。

---------------------------------------※

兰某,某市区委原常委,2019年,因受贿罪、滥用职权罪被开除党籍,移交检察院起诉,判处有期徒刑十一年零六个月。

兰某的腐败与自己的姐夫有着密切的关联。兰某自幼家贫,父母以务农为生,由于子女多,生活上十分拮据,甚至连兰某的学费都凑不出来。幸而兰某的三姐夫潘某家境较为优渥,经常接济兰某一家。因此,兰某对三姐夫一家十分感激。

兰某大学毕业后,参加用人单位的考试,顺利入职,经过多年的摸爬滚打,当上了某市区委常委兼副区长。

任职初期,兰某秉公处事,从不滥用职权,但三姐夫潘某是他的软肋。兰某是个重情的人,对潘某当初的援助常记挂在心,一直想找机会报答,因此当潘某上门求助时,兰某只是稍稍犹豫便答应了下来,即使潘某的请托令他违背了职权要求。

潘某经营自行车配件厂,有位大客户的公司在兰某的管辖范围内。潘某想要签下这个客户,便请求兰某出面搭线。

事情进行得很顺利,兰某一出面,大客户便爽快地与潘某签订了长期合作的订单。随后的时间里,兰某为了帮助潘某,多次利用职权示意辖区内的公司老板与之合作,而作为回报,兰某则在审批方面给予对方便利。就这样,在兰某的"帮助"下,先后有四五家公司以高于同行的价格与潘某签订了业务合同。

好景不长,兰某最终因为滥用职权被举报,经查实发现

第一章 廉政清明，心系家国

潘某所签署的各项合同业务总额高达300余万元，其中部分款项经由潘某转送给兰某，兰某终因犯受贿罪、滥用职权罪被判刑。

知恩图报是美好品德，但若是因为私情而罔顾国家法纪，就是误人误己。兰某对潘某给予自己的恩情感怀在心，想要寻求报答，但采用的方式错了，终酿成悲剧。

人间有亲情，但绝不能逾越党纪国法，作为党员干部，应当明辨是非、恪守原则，私情要为国家大义、人民利益让步。唯有以国为重、摒除私情，先公后私、公而忘私，才能真正成为思想合格、立场正确、人民信赖的优秀干部。

"将军农民"甘祖昌，1955年被授予少将军衔，获八一勋章、独立自由勋章、解放勋章等。2019年9月25日，被授予最美奋斗者称号。

甘祖昌是个在荣誉和享受面前先人后己的优秀党员干部。在被授予少将军衔后，他对妻子说："比起那些为革命牺牲的老战友，我的贡献太少了，组织上给我的荣誉和地位太高了。"

身为少将的他，依然不忘初心、牢记使命，不忘为人民服务的宗旨，更不贪恋官位。甘祖昌曾因车祸损伤大脑，他认为自己不再适合做部队重要领导，三写申请报告要求辞去后勤部部长职务，他写道："请组织上批准我回江西省莲花县当农民，和乡亲们一起建设社会主义新农村。"在甘祖昌看来，只要能为党和国家作贡献，无论身在什么职位都不重要。他觉得党和国家、人民的利益最大，个人私情要放在后面。

回到家乡后，当地政府考虑到他的军衔，为甘祖昌拨款建房，他却谢绝了。多年来，甘祖昌与两个弟弟，一共三个家庭挤住在一栋老宅里。后来家里人口多了，他便带领一家人亲自动手建房。他常对别人说："我是回来种田的，不是回来当官做老爷的。"

不计个人得失，先公后私、公而忘私的精神品格在甘祖昌身上体现得淋漓尽致。据统计，他将个人工资总额的70%用于家乡建设。

在生活中，甘祖昌更是严格要求子女。他要求孩子们和普通农家孩子一样打赤脚、干农活，衣服要穿三年，袜子一双要穿一年，大的穿小了传给弟弟妹妹，穿破了也不许丢掉。三女儿曾因为穿了有破洞的鞋上学被同学笑话而丢掉鞋子，甘祖昌急忙将鞋找回，一边缝补一边说："孩子，穿破鞋不丢人，贪图享受才不好。你是少先队员，是革命的接班人，艰苦奋斗的好习惯不能丢掉。"

大儿子本打算靠着父亲的关系找一个轻松的工作，可甘祖昌知道儿子在家乡会打铁，便毫不犹豫地把他安排到打铁厂。甘祖昌的母亲知道后写信责备他，他却回信道："现在刚解放，厂里机器少。干部子女应该带头干粗活，等以后条件好了，就解决了。"

淡泊名利、一心为公、廉洁自律、艰苦奋斗，这就是甘祖昌，处处作廉洁表率，永远保持着清正廉洁的本色。

生活中，个别官员对自己的家人缺乏约束，导致他们打着"公家"的旗帜四处招摇，为自己谋私利，这种行为终将误人误己。这也警示广大党员干部，要廉洁公正、摒弃私心，不徇私情、不谋私利，真正用好自己手中的权力，做到人民至上、公权至上。

第二章
涵养廉洁文化，赢得生前身后名

"文运同国运相牵，文脉同国脉相连。"廉洁文化是中华民族数千年历史酝酿出的文明成果之一，凝聚着千百年来中国人民的精神追求与价值理念，更激励着中华儿女持续修身律己、公正用权、廉洁从政。弘扬廉洁文化，可以帮助广大党员干部树立廉洁用权的自觉自信，还能够营造良好的政治生态，引领清廉的价值风尚，让党员干部可以学而用之、勉而行之。

1. 廉洁思想建设，是为官从政的内在需求

"廉"的思想，在中华文明的发展过程中有着悠久的历史与厚重的基础，自古以来，"廉"都是衡量政治得失、官员品行的重要尺度。早在上古舜时代，就有关于从政者的九种品德，其中"简而廉"是重要标准；《周礼》中也针对官员考核提出了"六廉"的标准。这充分说明了廉政思想深深扎根于中华文明的精神血脉深处。

在国家层面，"廉"是政治文明形态；对从政者而言，追求廉洁自律、恪守清正本色，是基本道德与品质，也是评价官员道德修养的基本标准，只有做到廉洁自律、率先垂范，才能够正风气、服人心。

中华民族历来倡廉崇德，廉洁更是被视为"仕者之德""为官之宝"，诸如杨震、包拯、海瑞等清官廉吏，皆因在廉洁操守上能够坚持以身作则、率先垂范，为百姓所尊重、所纪念、所传扬。

"学如逆水行舟，不进则退。"廉洁思想的建设需要时时修炼、常常抓紧，唯有不断打磨思想、磨炼党性，培养高雅的生活情趣、贯穿朴素的生活作风，在大是大非、小事小节上守住底线，正心修身、涵养气度，才能守住为政之本。

随着社会经济的发展、物质生活的丰富，个别党员干部在形形色色的诱惑面前"泄了气""松了劲"，放低了对自我道德品质的要求，开始追求奢侈享乐、大搞钱权交易，这正是推进全面从严治党的重要原因。不论在任何时代、任何环境下，廉洁自律都应当是为官从政者恪守的道德品质。广大党员干部应自觉加强廉洁思想修养，将廉洁从政内化

为自觉追求,做到"贫贱不能移""富贵未能忘",如此才能在潮涨潮落之时都坚如磐石。

---※---

吕某,某物资再生利用公司原总经理,在任职期间因挪用公款、倒卖物资等不法行为被查处,后被开除党籍与公职,并移送司法机关调查处理。

"贪"是导致吕某走向违法犯罪道路的根源。1996年,吕某已经是该公司负责人,位高权重,但由于当时制度的原因,他的薪水并不是很丰厚,远远比不上其他小老板、企业家,这也使得吕某颇有怨言。

偶然的机会,广州老板张某找上门来,希望他能够帮忙出具批文,帮助倒买倒卖,并提出愿意给出三成的利润,这让吕某大为心动。

"反正你总归是要退休的,这权力再不用,以后就没机会了。""再说,就你退休后那点养老金,够生活吗?"在张某的旁敲侧击、循循诱导下,吕某动了心,于是利用自己的职权,以公司的名义提供了两份废物批文,并以较低的价格进行出售。

作为回报,在交易完成后,吕某分得了50万元"好处费"。尝到了甜头的吕某从此一发不可收,不仅数次与张某合作,还在张某的引荐下认识了数位老板,先后签批多份批文,获取利润达百万元。

除"公权私用"外,吕某还将目光投向了公司财产上。2000年左右,因为效益问题,公司面临破产,吕某则以较低的价格,将公司名下的数间厂房及门面房进行售卖,并从中获得回扣。

不久,东窗事发,吕某为自己的行为付出了沉重的代价。

---※---

如吕某一类的人，曾经为国家经济建设做出过贡献，因此被提拔重用；但是他们在与权力、金钱、美色的交锋中，逐渐淡忘了信仰，放弃了原则，松懈了思想，在持续不断的"腐蚀"下，沦落为令人痛恨的贪腐分子。这种事例不可谓不鲜明，这类教训不可谓不深刻，当权力沦为满足私欲的工具，既会毁掉为官者的仕途，更会给国家和人民的利益造成不可挽回的损害。

往者不可谏，来者犹可追。针对腐败案件，如何才能有效制止悲剧重演呢？在强化制度约束、重视权力监察外，更要强化党员干部的思想修养。多数腐败源自内心的贪欲，当思想的底线被突破，再严密的制度也无法约束。所以，广大党员干部要以史为鉴、以人为鉴，在任何时候都要稳得住思想、管得住行为、守得住清白，将廉洁自律的从政思想转化为道德品质与自我约束，从思想上固本培元，为推进新时代廉洁文化建设贡献力量。

魏晋时期，吏治混乱，督察不力，朝廷上下多有贪腐受贿的行为，而胡威始终慎重自持、廉洁自守，成为官场上的"清流"。早年间，胡威就立志勤学，并深受父亲胡质的影响，养成了廉洁慎重的道德品质。

胡质曾在魏国任刺史近三年，清正廉洁，从不阿谀奉承，也不搜刮民脂民膏，生活一度赤贫，去世后家里更是无余财，只有书籍传家。

父亲胡质的从政品格对胡威有着深远的影响。胡威在为官期间，事事以父亲为楷模，不仅生活朴素、餐食从简，更是躬耕农事、自力更生。

入晋后，晋武帝接见胡威，赞叹胡家父子的清廉名声，并询问胡威："你们父子都有着清廉的名声，那么在你看来，你与你父亲，孰更清廉呢？"胡威不假思索地回答："不如吾父。"晋武帝追问原因，胡威缓缓说道："父亲唯恐自己的清廉之名被别人知道；我却怕别人不知道我清廉，这就是我不如父亲的地方。"

※------------------------------------

"廉而不宣"是胡威所追求的廉洁标准，这种崇高的思想境界与自我勉励的品格值得学习，更是引人深思。

"廉"是从政品格，也是为官者的思想自觉与行动自觉，只有做到不以"廉"而邀名，真正将廉洁自律作为自我行动标杆与价值目标，才能真正做到清白做事、廉洁从政。

对广大党员干部而言，廉洁思想建设是从政的内在要求，是切切实实的实际行动。党员干部要摆正心态、认清定位，注重加强党性修养，坚定理想信念，提升道德境界，追求高尚情操。一方面要做到审慎用权，辨清"公权"与"私利"的关系，牢记"权为民用、权有约束、权受监督、权即是责"的原则，永葆清白从政的政治本色；另一方面要注重自我修养，既要在生活上自觉抵制奢侈之风，崇尚俭朴生活，也要在工作中不断磨炼，牢记廉洁底线，做到有规有矩、守节守法，真正让廉洁思想在心底深处扎下根、开出花。

2. 宣传廉洁文化，弘扬清风正气

清正廉洁是中国传统道德的基本规范，更是延续数千年的价值追求。习近平总书记在党的十八届中央政治局第五次集体学习时指出，积极借鉴我国历史上优秀廉政文化，不断提高党的领导水平和执政水平，提高拒腐防变和抵御风险能力。

清正廉洁素来被视为"国之四维"之一，从廉洁修身、廉洁从政、廉洁用权，到廉洁风尚、廉洁政治，"廉"的思想早已渗透到我们社会生活的方方面面，更与政治生态紧密相连，成为塑造优良政治生态的重要支柱。

文化有着最为悠久、最为厚重的生命力，营造良好的政治风气与政治生态，离不开政治文化的浸润滋养。

想要破除"潜规则"，拔除"坏风气"，最根本的策略就是发展积极健康的廉洁政治文化，培育风清气正的政治生态，将廉洁建设与文化建设相互结合起来，强化行为规则、宣传廉洁思想、重视教育引导、弘扬清风正气，让廉洁文化发挥正本清源的功能，使清正廉洁成为党员干部的思想共识和价值追求。

----------------------------※

春秋时期，潍坊曾分属齐、鲁、杞、莒等国，到了秦汉时期，潍坊更是凭借发达的经济与稠密的人口，成为重要的行政区域，文化璀璨、源远流长。

"一节复一节，千枝攒万叶。我自不开花，免撩蜂与蝶。"

诗人郑板桥在潍县担任知县七年，案无留牍、事无贿赂、清正廉明，虽生活清贫但怡然自乐，并言"吾既不贪，尔亦无恚"，在潍坊留下了脍炙人口的廉洁佳话。

潍坊廉洁文化作品多数取自本土的历史文化名人，比如纪念汉代大儒郑玄的郑公祠，高密晏婴纪念馆，丘橓廉政广场，纪念范仲淹、富弼、欧阳修的三贤祠，等等。各个历史文化遗迹成为一个个廉洁文化教育场馆，将古代与当下相互串联，使得"廉"的精神熠熠生辉。

※------------------------------------

文化而润其内，养德以固其本。廉洁文化是廉政思想与廉洁行为的总和，蕴含着丰富的价值内涵，在指导廉政行为、塑造清正风尚、培育廉洁思想方面起着重要作用。

政治文化是政治生活的灵魂，对政治生态具有潜移默化的影响。推动全面从严治党，必须发挥廉洁文化标本兼治的作用，要从政治生态的层面入手，以廉洁思想为内核、以文化活动为载体、以廉洁风气为根本，多层次、多维度培育崇德尚廉、崇廉拒腐的价值理念与行为规范，塑造风清气正、廉洁自律的政治生态和社会风尚。具体来说，可以从以下三方面切入。

第一，发挥价值引领，筑牢思想防线。广大党员干部是秉公用权的主体，也是廉洁思想的践行者。在推动廉洁文化宣传的过程中，要以党员干部和公职人员为重点，以先进人物、优秀作品、典型事例为抓手，督促党员干部认真学、深入学、持续学，引导广大党员干部在全方位、多层次的文化教育与精神洗礼的过程中，正确辨明是非利弊，审慎识别公私义理，自觉树立清正廉洁的价值理念，发挥文化在精神层面的功能。

同时，要保持对党员干部政治生活的关注，以廉洁文化为着力点，引导党员干部培育积极健康的生活情趣，追求简单朴素的生活作风，在小事小节上守住底线、恪守原则，自觉发挥行为约束功能，筑牢拒腐防变的道德防线。

第二，弘扬廉洁文化，发掘精神内涵。文以化人，廉以养德，在漫长的历史实践中，关于"廉"的精神有诸多的解读，清白为官是廉、不贪不占是廉、公私分明是廉、公而忘私是廉，这些都是廉洁文化最为生动的体现，也是对廉洁文化的全方位阐述。在推进廉洁文化建设的过程中，要依托传统文化、革命文化、先进文化，全面展现"廉"的时代价值与现实意义，为广大党员干部提供价值引领与思想指导，努力把廉洁文化带进新征程，将优秀思想弘扬在新时代。

---※

2015年4月，上海春秋国际旅行社（集团）有限公司党委副书记、纪委书记徐国萍，被授予全国劳动模范称号。她是一名身在民营企业中的领导干部，在多年的实践工作中，她总结出"三个亮""六个一""十个工作法"等企业党建方法，更将"把骨干培养成党员，把党员培养成骨干"作为党组织推动企业永续发展的原动力。

身为纪委书记，徐国萍提出"廉洁，是凝聚员工的根本力量"的观点。她十分重视企业廉洁文化建设，先后组织相关部门编写了《廉洁文化手册》《关于反腐倡廉若干规定》《领导干部廉洁从业五项纪律》《从业人员廉洁责任书》，还牵头制定《在公务活动中收受礼品实行登记制度的管理规定》。在她的引领和带动下，公司被评为上海市"两新"组织廉洁文化示范点。

※---

第三，重视政治生态，形成廉洁风气。清正廉洁是中国共产党人价值观的基本内容之一，也是塑造优良政治生态、弘扬廉洁风尚的重要价值支撑。在奋进新时代的进程中，要发挥廉洁文化夯基固本的功能，以清正廉洁为价值导向，以政治生态为实践目标，深度挖掘生活中的勤廉典范和示例，打造廉洁文化学习的平台阵地，宣传策划反映廉洁文化的优秀作品。面向全党全社会推崇廉洁思想,倡导廉洁行为,持之以恒地扶正祛邪、激浊扬清,让崇廉尚简、清正廉洁的思想风尚成为主流价值观念,从而营造纯洁高尚的思想道德环境和健康积极的社会价值氛围,带动广大党员干部自觉树立崇高的价值追求、培育纯洁的道德品质。

3. 崇廉尚德，从政以廉俭为要

清代经学家段玉裁在《说文解字注》中说："廉，仄也。引申之为清也，俭也，严利也。"廉的本义是指棱角，运用到个人方面就是守原则、讲规矩、有个性，能够不折腰、不弯曲，讲求方方正正、清清白白。

廉洁是个人道德操守的重要尺度。这既是为官从政的道德品质，也关系到立身处世、修身齐家。子罕的不贪为宝、杨震的暮夜却金、于谦的两袖清风，从这些名垂千古的佳话中，可以看出古人将"廉"的文化内涵拓展到了修身齐家治国方面。

古代著名教育家颜之推说："夫风化者，自上而行于下者也，自先而施于后者也。"重义轻利、崇廉尚德是个人道德品质的集中彰显，只有先做到修身立德，涵养清正廉洁的情怀，培养良好的行为规范和高尚的道德情操，才能发挥导向作用，形成廉洁自律的良好风尚。

回望中国共产党百年光辉奋斗历程，艰苦奋斗的优良作风、服务人民的价值理念、简单朴素的生活习惯，这些正是廉洁思想的生动彰显。严于律己，方能修身正德。从承星履草、以身许国，到夙兴夜寐、以身作则，一代代接力传承，重义轻利、崇廉尚德，成为共产党人不可或缺的道德原则和价值取向。

------------------------------※

"穷沙窝里把根扎，开出一支玉兰花"这句诗纪念的是人民的好干部——吕玉兰。

真情真意关心群众，这是吕玉兰的工作准则。她在每个地方任职，总会走遍各个街道、条条胡同，把当地生活困难的群众摸查得一清二楚，嘘寒问暖、无微不至。对此，孙文礼老人感触颇深。

孙文礼的老伴儿和女儿先后去世，他失去了生活依靠。吕玉兰在了解情况后，主动照料他的生活，打扫卫生、洗涮锅碗，同时把他安排到大队林场。在吕玉兰的关怀下，孙文礼感受到了久违的温暖，重拾对生活的希望。

吕玉兰在东留善固村担任支书时，东留善固村开始搞新农村建设，各家各户建设新房。作为干部的吕玉兰，主动要求先盖村民们的新房，自家的房子最后盖。在工程竣工，分配房屋时，吕玉兰更是主动将拆盖房用工、檩条等物占款全部从分配中扣回集体，并表示不能占大家的便宜。

不仅不贪不占，很多时候，吕玉兰甚至还会"倒贴钱"。每当群众需要帮助时，她总会冲到最前头，她曾卖掉家里的猪仔给村小学买桌板、为孤寡老人购置节日用品，就连公务出差也会自贴路费……在桩桩件件的微小事迹中，吕玉兰服务人民的热忱与清正廉洁的情怀显露无遗，她不愧是人民的好干部。

纵观吕玉兰的人生历程，可知她始终秉持着为人民服务的宗旨，有着崇廉尚德、公而忘私的优秀品质，这既是吕玉兰个人的道德修养，也彰显了共产党人克己奉公、甘于奉献的情怀。

在新时代，广大党员干部要从传统历史文化中汲取营养、向先进人物学习，自觉培育造福人民、为民服务的公德，做到严于律己、克己奉公、崇廉尚德，铭记廉以修身、俭以养德，以优秀的廉洁文化重塑个人价值观念、厚培为民情怀、凝聚廉洁品格。要善于将廉洁文化中所蕴含的要义转化为行动准则和目标追求，努力使自己成为无愧于时代、无愧于人民、无愧于家国的清廉重德之人。

清廉者必俭约,这也是为官从政之"良法"。俭则约,约则百善俱兴,倡俭方能守廉,方能涵德,方能兴业。反之,喜好奢侈享乐,必将自食苦果。

早期的纣王比较节俭,后来外邦使臣进献给他一双精美的象牙筷子,他非常喜欢这双筷子,每餐饭都用,还在朝堂上给臣子们看。大臣们看后也觉得很美,纷纷称赞。

纣王的叔叔箕子见此情况,不禁十分惆怅,有人问他为何如此,他说:"这双筷子的确做得很好,可正因为做得好,我才担心纣王会因此变坏。使用象牙制作的筷子,自然不能把它放到泥土烧制的杯碟上,必须使用犀牛角、玉石烧制的碗盘。用这样的碗盘,就一定不会吃清淡平常的食物,一定得吃牦牛、大象和豹子的幼胎才行。之后也不再会穿粗布麻衣了。他要的东西会越来越多,所以我才担忧。"

事情的确如箕子料想的那样,纣王果然越来越奢侈,欲望越来越多。他不惜耗费大量民力满足个人私欲。身边的奸佞小人见纣王喜好奢华,便投其所好,进献各种珍奇之物满足他、迷惑他。有些正直的大臣屡屡劝谏,纣王非但不听,还因厌烦设立了炮烙之刑,使得大部分想劝谏者都不敢说真话。

后来,纣王还造出"酒池肉林",终日与宠姬、内侍在其中饮酒作乐,不理朝政。最终,周武王兴师伐商,纣王逃至耗费大量民财修建的鹿台之上,自焚而亡。

穷奢极欲,是导致殷商灭亡的一个原因。奢侈享乐会腐化人的思想,使人抛弃人生理想和追求,变得无德无品,因此必须戒奢养廉,崇廉尚德,培养清正廉洁的品质。

廉平之守，不可攻也。廉洁品质是个人思想道德的凝练与精神品质的呈现，蕴含着深层的价值追求，也折射出个人的修养境界。在中华文化数千年的发展中，"廉"的思想早已熔铸到民族精神血脉的深处，成为支撑民族发展、事业繁荣的精神因子。

从个人角度看，"廉"如同钙质于骨骼，只有做到崇廉尚德、公私分明，才能真正立得住、站得稳、走得远。这也启示广大党员干部要运用历史思维，抓好道德培育，能够从历史文化与党的传统中汲取廉洁文化的优秀精华，追求朴素生活、培养高雅情趣、筑牢廉洁思想、坚守崇德本色、修炼清正品性，方能清清白白为官从政、堂堂正正处事立身。

4. 防微杜渐，廉洁要从点滴做起

"道自微而生，祸自微而成""小者大之渐，微者著之萌"，这些至理名言都在告诫我们：凡事积微成著，小事关系全局，在廉洁从政中要防微杜渐，加强自身修养，绝不能败坏原则、因小失大。

腐败很可能是由小贪心而引发的，从小事小节的不设防，到大是大非的节节败退，直至深陷欲望泥潭，名誉皆毁。

个别干部在潜意识里将"大小多少"作为清廉与腐败的界限，认为稍微占一点、拿一点，只不过是随大流而已，无伤大雅，殊不知"天下没有免费的午餐"，正是这种行为会让人在不知不觉间越过底线。

吃惯了燕窝鱼翅，还会有品尝清粥小菜的清简之心吗？廉洁自律也是如此，当一个人习惯了奢侈的生活，便会不断地妥协，逐渐放松对自己的约束，从试探着伸手，到大笔揽钱，变得立场不稳，丧失底线，走向犯罪。

腐败没有大小之分，贪欲也没有大小之分，越是生活细节，越是小事小节，越要格外重视。正如洁白无瑕的纸张，即使墨点再小，也终究不是一尘不染，因此广大党员干部务必勇于追求"点墨不染"的崇高境界，做到安守本心、恪守原则，做到居于清贫仍不易本色，从而凝聚起无坚不摧的精神动能。

------------------------※

肖某出身于农村，后考入一所师范院校，成为一名人民教师。因为工作勤勉，积极上进，一步步走上了校领导岗位，

后更因表现出色，成为一名厅级干部。按理说，一路从基层打拼出来的肖某，理应珍惜自己多年来的奋斗成果，可他却在小利小惠的诱惑下逐渐滑入腐败深渊，令人唏嘘不已。

"平日里，一些请托人无非送些水果、烟酒，价值不大，我也就没太在意，把这当成了正常的人际交往。后来，他们开始送一些购物卡、加油卡，虽然金额不大，但毕竟是真金白银，我也有犹豫过，可最终还是抵不住诱惑，一一接受了。""我的理想信念动摇了，仿佛得了'软骨病'，顶不住糖衣炮弹的攻击，最终倒了下来。""落马"后，肖某面对检察机关，将自己的违法违纪细节和盘说出。

一顿饭、一包烟、一瓶酒、一袋水果，这些在肖某眼中再普通不过的东西，却成了扳倒他的最强力量。不拒绝小利小惠，使得肖某逐渐养成了"吃人家""拿人家"的不良习惯，久而久之，肖某的内心防线逐渐被攻破，三千五千、三万五万，直到贪污受贿十几万、数十万元也毫不在乎。

"不矜细行，终累大德。"很多大事都是由小事逐渐积累、演化，继而产生质变的。肖某的违法违纪行为，正是源于小事小节的失守。小事小节，看似不起眼，却关系道德修养、关系思想品质。

修身律己一直浸润在中华民族的血脉之中。修身律己者，善于抓早抓小、防微杜渐，做到小节无瑕、大节不亏。对广大党员干部而言，在廉洁从政的过程中，更要做到以民为本、以廉为美、以清为荣、以干为乐，在小节之中淬炼品格、洗涤思想，在小事中恪守原则、坚定立场。

张某，南京市某区人力资源和社会保障局原四级调研员，因为贪污腐败被立案调查。

"我喜欢喝酒、向朋友吹牛，就是在这种环境下一步步迷失的。"

这是张某对自己腐败行为作出的忏悔。冰冻三尺非一日之寒，张某之所以堕入腐败的深渊，与自己在小事小节方面没有守好底线大有关系。

因为职务的原因，张某与多家大企业经理、老板来往频繁。原本只是工作上的往来，但随着打交道的次数变多，私下接触的频率也多了起来。就这样，在这些商人老板的"有心"结交下，张某违规接受了多次吃请，慢慢地从酒肉朋友走向钱权交易。

直至接到群众举报，纪检监察部门介入，张某的暗箱操作才浮出水面。面对纪检监察机关，张某如实交代了自己的所作所为。最终，张某因贪污受贿、滥用职权被开除党籍与公职，并被依法判处三年有期徒刑。

"勿以恶小而为之"，张某的腐败从违规吃喝、人情往来开始，逐步演变为钱权交易、以权谋私，这都是因为他疏于防护、忘却宗旨。广大党员干部要以案为鉴，要明白"滴水穿石"的道理，在生活中做到恪守原则、守住底线，耐住寂寞、守住清贫，如此才能挡住诱惑。要正确处理小与大、轻与重、公与私的辩证关系，形成正确的道德认知和高度的行动自觉，任何时候、任何情况下都要做到心有规矩、行有尺度。

5. 廉洁从政不偏移，铸就生前身后名

《孟子注疏》曰："廉，人之高行也。"在古代，"廉"作为一种优秀的道德品质备受推崇，更成为衡量士大夫的道德标准与基本要求。《傅子·问政》的"政在去私，私不去则公道亡"，汉代刘向在《说苑·至公》中写道："治官事则不营私家，在公家则不言货利。"治国理政，清廉为第一要务。清正廉洁、不贪不占，自然政风清明、百姓受益，从而使社会繁荣、国家稳定。

在当下推进全面从严治党的背景下，广大党员干部要树立廉洁从政的思想自觉与行动自觉，既要从传统文化中汲取廉洁因子，强化自我修炼、自我约束、自我塑造的本领，涵养克己奉公、清廉自守的精神境界；更要见诸行动、身体力行，始终保持清正廉洁的政治本色，牢固树立正确的世界观、人生观、价值观、权力观、地位观和利益观，做到遵规守纪、自觉接受监督、追求俭朴生活，真正担负起党和人民交给自己的政治任务，守住自己的政治生命线。

"江山代有才人出，各领风骚数百年。"在奋进新征程的道路上，涌现出了一批批模范人物，他们以自己的实际行动诠释了共产党人清正廉洁、服务为民的崇高境界。廖俊波便是这群"领航者"中的一员，他以自己的实干、苦干精神，引领南平实现致富，展示了党员干部艰苦奋斗的精神风貌。

廖俊波家境普通，南平师专毕业后，他从基层干起，从

中学教师到乡镇干部，真正走进了群众，也正是在基层的摸爬滚打，使得他在治理地方上积攒了丰富的经验。

他生活俭朴，自奉廉俭，每日不过粗茶淡饭，也没有其他的娱乐休闲，把更多时间倾注在实地调研、园区开发、项目建设等一线工作中。在大多数人看来像"铁人赛"的日程安排，却是廖俊波的常态。

在用权方面，廖俊波总是保持着审慎的态度。对待实干能干的下属干部，他敢于放权、毫不吝啬；在私人关系方面，则是严守底线、分寸不让；他主持的大大小小的工程项目，账目清楚，不曾有丝毫谋私的行为。

2017年度感动中国人物组委会赞誉廖俊波"上山寻路，扎实工作，廉洁奉公"，没有惊天动地的成就，没有豪情壮志的宣言，有的只是埋头苦干、低头走路，他却用自己的一举一动温暖了国人，挺起了共产党员廉洁奉公、忠诚奉献的脊梁骨。

廖俊波虽然离开了我们，却用生命向我们展示了优秀共产党人的风采，他的精神就是一座丰碑，始终催人奋进。学习廖俊波同志，就是要学习他的艰苦奋斗、初心为民、敢于担当，学习他面对困难敢于挺身而出，面对诱惑坚决抵制，务实重行、清正廉洁，以实际的行动、坚韧的斗志、良好的作风去实现远大目标，自觉成为信念坚定、真情为民、清正廉洁的优秀党员。

明朝大太监刘瑾，将皇帝朱厚照哄得只顾玩乐，无心朝政，大事小事都是他作决定，被称为"立皇帝"。有了权力后，刘瑾便开始为所欲为。

刘瑾贪污受贿的手段十分卑劣。官员进京朝见、出使，都必须向他"表示"。一名叫刘宇的官员上任巡抚时，向刘瑾行贿万金，刘瑾非常高兴。后来刘宇又屡次行贿数万两银子，因此一路晋升，成为兵部尚书。

各地官员入京述职时，会向刘瑾行贿，称之为"拜见礼"，少则千两，多则万两。官员升官后，要马上准备重金送给他，名为"谢刘瑾礼"。

除官员赴任、述职时要收受贿赂外，他还会派亲信去地方任职，以便敛财。他在京城四周建立的"皇庄"超过三百所，肆意侵占老百姓的土地，严重地侵害了民众的利益。他还劝明武宗下旨让各省库藏尽输京师，而他则从中侵吞不计其数的金银。凡此种种，让刘瑾获得了大量财富。

卖官鬻爵、巧取豪夺、侵吞国帑……刘瑾无所不用其极，将贪婪二字诠释得淋漓尽致。最终，他被明武宗下诏处以凌迟的刑罚，结束了罪恶的一生。

顾炎武在《与公肃甥书》中写道："诚欲正朝廷以正百官，当以激浊扬清为第一要义。"政治生态中的清正廉洁，不仅是个人的品德修养，更是为官从政的必要素养。在漫长的岁月里，"廉洁"二字被赋予了丰富的含义，有以民为本的思想境界，有崇俭戒奢的生活作风，有公私分明的用权原则，有光明磊落的道德品质，这些都是廉洁从政所必须具备的特质。

而今，在推进全面从严治党的过程中，广大党员干部要汲取文化营养、赓续廉洁基因，以党的规章制度与传统文化为内在支撑，在学习与实践中形成廉洁自觉、廉洁定力、廉洁行动，继而在廉洁从政中实现自己的远大理想。

第三章
善用手中权力,培养廉洁观念

"居官守职以公正为先,公则不为私所惑,正则不为邪所媚",如何使用权力,是衡量党员干部是否清正廉洁的标准。中国共产党始终以全心全意为人民服务为宗旨,只有公正用权、为民用权、廉洁用权,方能聚民心、筑信仰。这要求党员干部树立科学的权力观,自觉遵守党纪国法,既要慎独慎微、勤于自省,更要无私奉献、廉洁奉公,做到清清白白做官、干干净净用权。

1. 回溯古今，当知用权为公不为私

权，古字形从木雚声，《广雅·释器》曰："锤谓之权。""权"在最初是指秤砣、秤锤，后因其衡量重量的功能，又引申出"衡量"的意思。在中国传统的价值观念里，"权"是不偏不倚的中性词，没有明显的善恶之分，多指对人、事、物进行调度支配的能力。因为使用者的不同，即掌握权力者的区别，使"权"有了通俗意义上的利与弊。

比如，在尧舜贤明治世时，罔替有序，人尽其守，权力便发挥出造福民众的功能；而在诸如秦二世之类的昏庸君主时期，权力就沦为了谋取私利、剥削百姓的工具。因人因时的不同，权力的功能、作用也发生了变化，这也正是权力的两面性。

中国人向来对权力持着辩证的态度，对权力本身并没有过多偏见，更多的是关注用权者、行权者，因此早在先秦时期，孔孟就倡导"仁者宜在高位"的理念。

"政者，正也"，只有保证权力的公正性，才能让制度有序运行。清正廉洁、大公无私、刚正不阿，这些朴素的权力观，展现着中华民族政治文化的精神内核。回溯漫漫数千年的政治文明史，从监察制度的历史演变，到清官廉吏的史册留名，再到清廉家风的世代传承，这些都是中华民族权力观的生动体现——对清明政治的追求。

权力没有善恶之分，其发挥的作用取决于权力的掌控者与使用者。正如中国共产党始终恪守的"全心全意为人民服务"宗旨，就是坚持权为民所用。广大党员干部要自觉树立科学正确的权力观，始终将服务人民、造福人民作为立党为公、执政为民的本质要求，恪守清正廉洁的从政底线，保持慎用权力的敬畏心态，追求公正用权的行为规范，真正做到为民用权、廉洁用权，让权力发挥好自身价值。

任某，某集团原董事长，因滥用权力，给国家资产带来巨大的损失，最终被判处有期徒刑十八年。

任某出生在干部家庭，自小就接受了良好的教育，一路走来也是顺风顺水，经历十数年的军旅生涯，表现优异，获得入党机会，退伍后在房地产界更是风生水起，可以说，在人生的前半段，任某是清正忠直的好党员、好青年。

然而，他和多数腐败分子一样，私欲随着权力的扩大而不断滋生。任某把持该集团近二十年，奢侈的生活腐蚀了进取心，大权独揽更使他为所欲为、无所忌惮。在2021年，任某与某咨询服务公司签订了虚假合同，该公司以咨询服务费的名义支付了2000余万元，这笔费用在多次转手后，被任某私自瓜分。这样的事情，在任某掌权期间屡次发生，各类中介费、服务费、咨询费，让任某赚得"盆满钵满"。他还凭借着自己的影响力，私自接受合作企业的"礼金""礼品"，为其大开后门。

任某不仅为自己谋私利，还带着亲友共同"发财"。在集团内部，他为自己的子侄安排职务，利用公款为私人消费垫付，让亲朋好友开办公司，用作汇款转账、虚假交易。在任某担任集团董事长期间，先后侵吞占有的国有资产超过2.2亿元，为集团带来的损失更是不可估量。

德之不厚，行将不远。任某之所以有这样的结局，是因为没有树立正确的权力观。从保家卫国的优秀战士、尽职尽责的党员干部，到人人咬牙切齿的"腐败分子"，任某在权力面前迷失自我、丧失底线，在权力关上失德、失守，将国家和人民赋予的权力作为满足自己私欲的工

具，不仅为自己带来了悲惨的结局，更对国家利益造成了巨大伤害。

面对权力的重重诱惑，党员干部要自觉树立正确的权力观，把清正廉洁、尽职守责作为行使权力的标准；要知道权力源自人民、源自国家，在权力面前坚定立场、牢守信念，主动将权力运用到服务人民、造福人民的行动中，让权力真正发挥作用。

汤斌，清初名臣，以清正廉洁、刚正不阿著称。

在任江苏巡抚期间，恰逢大旱，素来为鱼米之乡的江南地区哀鸿遍野，饿殍遍地，身为地方官的汤斌组织募捐，号召属下官员豪绅捐献钱粮；为了缓解饥荒，汤斌更是顶着压力动用国库税银，前往各地采粮、运粮，吸引商贾前来扬州卖粮，成功缓解了由旱灾引起的饥荒，让无数百姓得以活命。

汤斌在生活方面崇尚俭朴，餐食也多以豆腐为主，因此在百姓口中有了清清白白的名声。在任工部尚书期间，因京城物价昂贵，汤斌生活拮据，家中四面萧然，没有多余的家具，清苦异常，直到逝世，汤斌都处在这样简陋的环境中。

权力即责任，汤斌兢兢业业、勤政廉洁，既守住了宽厚爱民的大德，也守住了清廉自律的公德。权力乃人民赋予，权力与责任紧密相连，无论任何时候、任何情形，都要让权力发挥真正的价值。

共产党人干事业，就是要为人民服务、为人民谋福祉。想要正确行使权力，必须常怀为民之心，倾听民众呼声、关注民众生活、满足民众需要，在服务民众的过程中发挥权力的功能，彰显党员的担当；同时要树立正确的价值观、政绩观，处理好公与私、义与利、苦与乐、清与亲的关系，守好行为底线、约束自我行为、砥砺道德修养，时刻将党规党纪牢记在心，做到不逾矩、不违纪。更要做到公正用权、廉洁用权，涵养清正廉洁的道德情怀，保持对权力的敬畏之心，真正让权力在服务人民的轨道上稳健运行。

2. 防止权力滥用，克服内心欲望

明末散文家张岱说："人无癖不可与交，以其无深情也；人无疵不可与交，以其无真气也。"意思是人没有癖好是不可以交往的，因为他没有深情厚谊；人没有瑕疵也是不可以交往的，因为他没有真情。每个人都有自己的个性特点与兴趣爱好，有七情六欲，才有真实性与生命力。喜爱美食、沉迷诗词、钟爱古玩、热衷娱乐，这些都是正常的喜好，也凸显着个人对人生的态度与对生命的追求。但对于党员干部而言，任何喜好都应当合乎标准、有其尺度。看那些典型的腐败案例，有的党员干部沉迷古玩、差使老板"为爱好买单"；有的钟爱手表、接受私人馈赠；有的喜欢吃喝、利用职权为个人消费买单。这些干部的堕落都是因为没有把好尺度，无法控制内心的欲望，不断地用权力为个人喜好"兜底"，逐渐导致权力滥用，进而底线失守。

苏轼在《浣溪沙·细雨斜风作晓寒》中写道："雪沫乳花浮午盏，蓼茸蒿笋试春盘。人间有味是清欢。"简短的话语中却蕴含着深刻的含义，比起奢侈的物质生活，精神的丰盈才是真正的满足。党员干部掌握着公共权力，肩负着人民群众的信任，更应克制欲望、管住自己，懂得知足常乐的道理。面对种种诱惑，应不断加强修养，以淡泊的心态处世，以超然的境界看待金钱与名利，真正做到有思想、有尺度、有境界。

------------------------------※

陈某是某市人民检察院原党组书记、检察长，2018年因

贪污受贿、滥用职权等多项罪名被剥夺政治权利终身，并判处无期徒刑。

该市处于国家发展的中心位置，经济繁荣，发展迅速，早在20世纪80年代，陈某就已经在该市法院系统工作，勤勤恳恳数十年，从书记员逐步升迁为高院党组成员。而随着权力的扩大，陈某对于精致生活的追求也越发狂热。以往不过是追逐高档餐食，但在得到商人老板的"资助"后，陈某的品位也变得"高端"起来，酒席上必不可少的是好酒；日常的休闲娱乐不是读书看报，而是和几位圈子里的老板打高尔夫、赛马……

奢侈生活需要庞大的资金作为支撑。身居高位的陈某，手握公权，最不缺的就是为他送钱买单的"朋友"。就这样，陈某暗中收取贿赂，利用自己的职权影响案件判决，或者牵线搭桥、中转介绍，在数十年的时间里，他不仅获取了大量的资金，还购置了千万豪宅、名车名表，就连亲戚朋友也因为他的身份而获利。

据调查，在任期间，陈某利用职权，先后非法收受财物的总价值达到7000余万元。

追求物质生活、贪图个人享乐，往往是党员干部堕落的开始。正如陈某，身居高位却不能克制欲望，反而大肆掠夺，奢靡无度，最终为自己的行为付出了惨痛的代价。权力如同放大镜，个人欲望会被成倍放大，个别党员干部定力不足，自身的价值观和权力观开始扭曲转变，贪婪地追逐个人私欲，将手中的权力变为谋取私利的工具，最终只能通向自我毁灭。

大力建设廉洁文化，将清正廉洁的种子播撒到党员干部的心中，进而影响其行为选择、塑造品行道德，从而形成崇廉尚洁的良好风气，从根本上铲除腐败的土壤。广大党员干部要自觉树立清正廉洁的价值追求，做到审慎用权、廉洁用权、公正用权，更要追求俭朴生活、抵御重重诱惑，做到不贪、不占，做清清白白、干干净净的优秀党员。

清朝光绪年间，有个叫史恩泽的官员，主要负责户部库银的进出，官职不高。然而，这样一个小官却利用自己的权力在库银一进一出中获得了巨额财富。

史恩泽拥有几百万两银子的个人资产，均是他长年累月搜刮、侵占所得。在谋取私利上，他秉持着"积少成多"的原则。在登记国家税赋时，他刻意夸大银两的损耗，小到几两，大则数千两都不放过。

虽说只是芝麻小官，他却把滥用职权发挥到极致。光绪帝曾向山东巡抚拨款100万两用于修缮河道，想不到巡抚拿着圣旨去户部领取银两时，竟遭到了史恩泽的勒索，最后不得不在支付1万两白银后才领到皇帝划拨的款项。最终，户部侍郎孙诒经得知史恩泽的违法之举后将其拿获。

史恩泽的所作所为，与内心无尽的贪欲密不可分，被贪欲完全支配的他也将手中权力视为满足私欲的工具，心中早就没有了责任与担当，国与民在他眼中不如几两碎银重要。可见为官从政者一旦贪欲过重，不但会迷失自我，滥用权力，更会给国家和人民带来灾难。

今天的党员干部要慎重地看待权力，谨慎地行使权力，只有做到清清白白、干干净净，方能问心无愧、行深致远。奢生贪、贪生腐，个别干部就是因为没有守住底线、止住欲望，才逐渐沦为私欲的"俘虏"，成为令人唾弃的贪腐分子。

"任何时候都不开特权的口子！"这句话出自江西省委第三巡视组原组长、全国优秀共产党员、最美奋斗者李泉新之口。他对家人要求十分严格，虽然身居要职，却从不让家人倚仗他

的名号办事。外甥女徐小燕说:"即使我们平时在家聊天,偶尔说出让舅舅帮忙的一句话,都会遭到他的严肃批评,'只要你努力,组织自然会公正对待,不努力,打招呼也没用'。"

徐小燕大学毕业后被分配到一个偏僻乡镇工作,她想让舅舅帮忙调动一下工作。李泉新开导她:"你是学农的,毛主席说农村是一片广阔的天地,到穷乡僻壤去更能锻炼你。"后来,徐小燕被列入所在乡镇副科级后备干部第一人选,有人让她找找"关系",李泉新知道后,严肃地说:"三令五申不准跑官要官,我是做纪检监察工作的,岂能违反原则!"

李泉新常对家人说:"自己的路自己走,这样才走得长、走得稳。"

李泉新用权为公、不搞特权的背后,源于他没有私欲。巡视组的一名成员说:"但凡想起组长,脑海中总浮现出他朴素的形象。"他的妻子也说:"他从没买过高档衣服,只爱逛军品商店,有时买条仿警裤,说穿着舒服。"

李泉新不讲究穿衣,同样也不讲吃住。他只要不出差,每天都会回家吃饭。巡视期间更是一切从简,吃饭时发现菜上得太多,立即让人端走。在吃穿用度上节俭的李泉新,却在买书上从不犹豫,还总是鼓励组里的同事多读书,他说:"只要多看、多想,自己的能力、境界自然就上去了。"

※

敬畏权力、管好权力、慎用权力,李泉新清醒地认识到权力是人民赋予的,用权力为自己的亲友办事谋取利益就是亵渎权力。权力往往可以滋生欲望,从一点一滴、一言一行中,养成公私分明、俭朴恬淡的良好习惯,过度的欲望就不会滋生。

古语云:"良田万顷,日食三升;广厦千间,夜眠八尺。"每个人的需求都是有限的,过多地占据资源、追求享受,并不能带来真正的满足,反而会越发空虚。尤其是党员干部,不合理的欲望就如同贪婪的

"泥塘",背负越多、挣扎越激烈,沉沦得越快。

贪无止境,何以言满。广大党员干部应知进退、守底线、懂分寸,把好把准权力尺度;要时时自我反省,不断修剪欲望的"枝丫",剪除形形色色的诱惑与翻滚不断的贪欲,让自己的生活归于充实丰盈,让前进的步伐更为稳健有力。

3. 无私奉献显本色，廉洁行事作表率

作为从政的必要品质，廉洁不仅体现在权力观方面，更是与价值观、行动观有着深厚的联系，对党员干部的理想追求与精神信仰有着重要的影响。

何谓廉洁？简单来说即不贪不占。往深处说，就是公私分明、公而忘私。对于广大党员干部而言，廉洁自律不仅是节制克己的行为规范，更是无私奉献的崇高境界，是舍弃小我、成就大我的政治担当。

在红色文化中，奉献精神已经成为廉洁品质的重要组成部分。想要拥有克己奉公、崇廉拒腐的精神追求与思想认同，就必须有服务人民、奉献自我之心，只有具备了这种精神，才能做到严于律己、实事求是、尚俭戒奢，才能完成党和人民交付的任务。

在实际行动中，广大党员干部要具备无私无畏、大公无私的道德品质，面对人民需求必须挺身而出，面对艰难危局敢于逆流而上，面对国家需要不计私利，要在不断担当的过程中淬炼公而忘私、甘于奉献的高尚品格，勇于追求清正廉洁的崇高境界，做有理想、有信仰、有责任、有担当的清廉干部。

------------------------------※

"有事情找李夏！"这是皖南山区群众的口头禅。李夏，党的优秀干部，出生在黄山市，生长于皖南山水之间，亦将自己奉献给了皖南山区。

扎根基层、服务群众，这是李夏的价值追求。大学毕业

后的李夏回到了铜陵工作,并在皖南山区扎根八年,服务山区百姓。

皖南山区交通不便,居住的多是老人。因为所处的地理位置,时常有暴雨水灾。每逢发大水,李夏都奔赴前线,指挥引导群众进行转移。

村里哪家有老人、哪家有活干,李夏总是随叫随到、随到随办。对村里的贫困户,李夏经常嘘寒问暖,主动接济,帮忙解决家里的困难。困难户葛洪亮是长安镇高杨村村民,高杨村曾是李夏驻守的地方,在他调离后,葛洪亮因摔倒昏迷在医院抢救,家里没有子女照顾,是李夏从远处赶回,号召村民带头捐款,解决了葛洪亮的后顾之忧。

2019年8月,在抗击"利奇马"超强台风抢险救援时,李夏英勇牺牲,时年33岁。

无私奉献是共产党人的精神底色,李夏在皖南的八年中,服务群众尽心尽力,牺牲在抢险救灾的第一线,以自己的行动诠释了共产党人鞠躬尽瘁、无私奉献的精神品质。

当下,我们处在新的历史时期,面临新的斗争与挑战,想要实现中华民族伟大复兴,就要昂扬奋进力量、弘扬奉献精神,广大党员干部要坚守"功成不必在我、功成必定有我"的崇高情怀,时刻牢记"为党和人民牺牲一切"的铮铮誓言,勇猛精进、不断奋进,在无私奉献中彰显道德品质,在服务群众中展现廉洁风采,在新征程中创造无愧于党和人民的业绩。

孙叔敖活跃于春秋战国时期,辅佐楚庄王治理国家。当时的楚国地跨荆襄,抵至江淮,是当之无愧的南方大国,而频发的水灾是影响民生发展的重要阻力。孙叔敖临危受命,主持治水,为之奔波三年,倾尽家资,成功修建了"芍陂"

第三章 善用手中权力，培养廉洁观念

这项举世闻名的水利工程，让无数民众受益。

在任楚国令尹时，孙叔敖尽心竭力，修订法令、宽厚爱民、兴修水利、施教导民，宵衣旰食。在他的治理下，楚国百姓生活富足、民生安乐，国力有了很大提升。孙叔敖则因繁重的政务而竭尽心血，累倒在令尹任上。

纵观孙叔敖的一生，为楚国的富强奔走不停，从不纵情享乐，这种纯粹的奉献精神正是对清廉品德的生动诠释，是党员干部应当锤炼的道德品质。

谢立亭，全国优秀共产党员、全国基层理论宣讲先进个人、全国离退休干部先进个人……他获得了许多荣誉，是当之无愧的人民的好干部。

自1955年参加工作起，谢立亭便下定决心："一辈子听党话、跟党走；一辈子行好事、做好人！"

谢立亭退休后，在日记本上写下了这样一行字："今天我光荣离岗，但退休不褪色，我要成为一名优秀的夕阳红队员，活到老、学到老、奉献到老！"退休7天后，他便担任起阜桥街道牌坊街社区（山东省济宁市任城区）党支部书记、居委会主任。此后，这位退休老干部成了社区里的"大忙人"。

这家因为遗产问题，家人不和，他会出面做工作，使当事人一家和好如初；那家年迈的老人生活堪忧，他硬是跑了24趟才最终说服老人搬入老年公寓。正因为他总是不分昼夜地为社区居民排忧解难，大家给他取了一个绰号——谢"带跑"（济宁方言中"勤快""爱跑腿"之意）。

当下，弘扬廉洁品质、建设廉洁文化，就是要发扬无私奉献的崇高精神，保持共产党人艰苦朴素、公而忘私的光荣传统，不贪图享受、不计较私利，将清正廉洁的道德意识转化为行动标准，敢于攻坚克难、迎难而上，进而在实际行动中淬炼无私奉献的高尚品格。

4. 权为民用，清廉务实勇担当

"水能载舟，亦能覆舟"，君者如船，百姓是水，水既能托起舟船，使其安稳航行，也能够掀起惊涛骇浪，使船倾覆淹没。只有顺应民心、顺应民情，真正为百姓谋福利，才能赢得人民群众的信任和支持。

中国共产党之所以能够继往开来、历久弥新，就在于始终尊重人民、爱护人民、服务人民，不论是在战火纷飞的革命岁月，还是在岁月静好的和平年代，不论是身居高位的领导者，还是扎根基层的建设者，都始终以人民为中心，用自己的行动谱写服务人民的新篇章。

人民性是党最鲜明的底色。广大党员干部要始终牢记人民宗旨，站稳人民立场，积极投身到服务人民的实践中，发挥自身的创造力、行动力，主动为人民群众纾解困难、化解矛盾，让人民群众过上更为幸福美好的高质量生活；同时要在实际行动中发扬艰苦奋斗、廉洁自律、谦虚谨慎的优良传统，崇廉尚洁、务实求真、廉洁用权，破除"形式主义""官僚主义""功利主义"的歪风邪气，始终与人民心连心、同呼吸、共命运，永葆清正廉洁的精神风貌。

古某，江西省某市政协原党组成员，任职期间勾结地方势力，垄断河砂资源，并以此牟利，后被开除党籍、开除公职。

当时古某担任该市市长，在民生项目上有着较大的决策权，该村党支部原书记朱某找到古某，想要得到采砂的许可。

在金钱的诱惑下，古某选择了伸手帮忙。经由他的默许，朱某开始大肆非法采砂。每当有上级督察部门进行巡检，古某都会暗地透露消息，帮助朱某逃避检查；更是数次出手，压下了上访的地方群众，暗中指示相关部门，解除对采砂船和设备的扣押。

通过站台撑腰、串通投标、强迫交易等手段，朱某的采砂队伍不断扩大，控制了该地区数家砂石矿场，并恶意哄抬价格，使得建筑公司不得不高价购买砂石，而非法得来的利益则填满了古某等人的腰包。与之相对应的是，该村的生态环境遭到了严重破坏，砂石资源大量流失。

党员干部的作风关系到党的形象，更关系到党的威信与公正性。古某在任期间，利用职权为"砂霸"们撑腰站台，不仅扰乱了正常的市场经济秩序，严重损害了地方群众利益，更与党的服务宗旨背道而驰，抹黑了党的形象。诸如此类的干部"蛀虫"，虽然身居高位，但处处吃拿卡要，拿群众利益做交换，滥用权力，终会自食恶果。

权为民所赋，理应为民所用。广大党员干部要心怀人民群众，恪守服务宗旨，脚踏实地、步履稳健，以高度的廉洁自律自我约束，用好权、站好岗，做好人民利益的守护者。

狄仁杰，唐代名臣，断案如神。在治国理政方面，他也有着杰出的能力，更难能可贵的是他忧国忧民的高尚情怀，不论是高居庙堂，还是流放地方，都始终清正廉洁、体恤百姓，因此被后人称为"唐室砥柱"。

长寿二年，狄仁杰被贬为彭泽县令。当时的彭泽因干旱数月，庄稼皆枯死，百姓颗粒无收，只能以野菜、树皮度日，而即使如此，地方的官吏依旧催征税粮，并将抗粮者关押入监牢。

狄仁杰赴任后，彭泽的百姓纷纷前往官署哭诉，狄仁杰了解情况后，不顾自己的艰难处境，冒死给朝廷写了《乞免民租疏》，为彭泽的百姓寻求活路。武则天为狄仁杰为民请命的精神所动容，下令免除彭泽县三年的赋税。在为百姓觅得生机后，狄仁杰大兴水利，积极赈灾，还劝课农桑，使得彭泽县在很短的时间里就恢复了生机。

垂拱四年，狄仁杰任江南巡抚使，当时各地官员多有贪污不法的事实，狄仁杰每到一处，就察访民情，问询百姓，对贪污官吏进行弹劾，奏请焚毁1700余所淫祠，使得地方风气为之一清。

"圣人无常心，以百姓心为心。"忧国忧民的狄仁杰即使身处艰难境地，依然为民请命，这种博大的胸怀令人敬佩，对当今的党员干部也有着深刻的教育意义。

人民性是党永葆先进性、纯洁性的内在动力，广大党员干部要始终坚持人民性，崇尚造福人民的公德，自觉规范自我行为、主动维护人民利益，在服务人民、造福人民的过程中彰显人生价值。

5. 权力最易迷人眼，不察便要落马蹄

"信言不美，美言不信。"很多时候，看待事物要鞭辟入里、直透本质，党员干部要保持对权力的敬畏心、责任心，不能随波逐流、人云亦云，更不能盲目自大、脱离实际。

处在权力高位的党员干部，身边难免有阿谀奉承、曲意逢迎之辈，个别党员干部因一时疏忽而踏空脚步，堕入陷阱。

"知人者智，自知者明"，党员干部要对权力负责、对人民负责。在从政干事的过程中要时刻保持谨慎的态度、清醒的认知，善于看破诱惑、洞察陷阱、识破假意，始终坚持正确的方向；更要守住底线、恪守原则，慎用手中权力，做到不盲从、不轻信、不放纵，让权力能够真正发挥作用，不负使命。

------------------------------------※

李林森，四川省达州市万源市委原常委、组织部部长，全国优秀组织工作干部，并于2019年9月获得"最美奋斗者"荣誉。他忠于职守、公正用权，实实在在地为老百姓办了不少实事、好事，还选拔任用了一批优秀干部，塑造了良好的政治生态。

选人用人关系到治理成效，更直接影响人民群众的生活质量。在这方面，李林森有着自己的标准。一次，李林森在组织会议上提名让边远乡镇的基层干部王承兴担任万源市森林公安局局长。

这个破格提拔引起了轰动，当场就有人质疑，认为王承兴资历不足。李林森当即反驳，指出王承兴在全市最艰苦的乡一干就是15年，公安局局长这个位置他实至名归。

王承兴的事情不是个例，在担任组织部部长的五年里，李林森走访各地、深入调研，与基层干部谈话谈心，考察业绩，选拔重用了十几位能力出众、品德高尚的党员干部，让他们在合适的位置上作出了更多更大的贡献。

除了选拔重用能干实干的基层干部，李林森更是大力整治形式主义的作风，与不少习惯讲空话、说大话的党员干部进行思想交流，展开教育批评。曾有地方干部送钱送物，以求获得提拔，被李林森狠狠地教育批评；家里的亲戚朋友寻求"照顾"，也同样被李林森婉言拒绝。

"钱，我不会要；事，按政策办"，这是李林森对投机取巧者的原话，也是他用权行权的标准。在他的治理下，万源的干部工作风清气正，得到了人民群众的认可。

正所谓"逆耳之言常听，阿谀奉承当忌"，越是身处高位，越要明辨是非。正如李林森，在选拔干部方面有着科学清晰的标准，他始终保持清醒的认知，专注实际，不求虚名，真正做到了让能为者上、让敢为者进。

权力"姓公不姓私"，是人民赋予的，必须为人民所用，这是党员干部应当牢记的宗旨。在行使权力的过程中，要善听真言、能察实情，透过现象看本质，对待问题也要刨根问底；要有自知之明，时刻清醒、理智地认识自我、把握自我，不在"高帽"中迷失、不在"物欲"中放纵、不在"权色"中沉沦，常怀律己之心，常思责任之重，常守纪律之范，唯有如此，才能创造出经得起人民检验的业绩。

卢某，某州住房和城乡建设局党组成员、副局长，某县

规划局局长。他是一名年轻有为的干部，在工作中勤勉上进。只是，当阿谀奉承、吹捧讨好盈满内心时，他开始在权力和物欲中失去自我，在腐败的泥沼中越陷越深。

2016年，一位赵姓商人向卢某表示，希望可以参与县里某建设项目的竞标。卢某与赵某平时往来密切，也多次从赵某那里得到好处，便一口答应。赵某竞标成功后，分两次送给卢某数条高档香烟和名酒以及"感谢费"8万元。

权力带来的"甜头"让卢某难以自拔，他越发意识到自己手中权力的"价值"。加之商人老板们的奉承，更让卢某忘乎所以，完全将党纪国法抛在脑后，甚至将公权私有化，想怎么使用便怎么使用，彻底忘记了一名共产党员的初心和使命。

最终，东窗事发。经查实，卢某在任职期间，利用手中职权为他人在项目承揽和项目规划审批中所得好处共计人民币700余万元。

保持政治定力是共产党人的重要品格，是衡量干部是否称职的重要标准。面对形形色色的诱惑，要坚定底线、恪守原则，更要认清自己、摆正位置，不能因为他人的吹捧而飘飘然，更不能滥用权力。

党需要的是思想清醒、意志坚定的优秀干部，不论在任何时候、任何环境下，都要保持清醒的头脑，明确政治方向，不随波逐流，不麻痹大意，始终坚守底线、筑牢防线，做到用权有度。

第三章 善用手中权力，培养廉洁观念

6. 合理行使职权，忠诚履职尽责

廉洁自律是党员干部为官从政的底线，也是广大党员干部的从政之本。在历史实践中，廉洁的内涵得到了极大的丰富与拓展，其中恪尽职守可看成是最基本的要求。"职权"二字向来紧密关联、不可分割，权力因职务而产生，因此任何时候，都要做到担当履职，确保公正用权、慎重用权、廉洁用权。

职权是"柄"亦是"责"，领导干部的权力来自职务、根植职务，在从政的过程中，既要慎用权力、不逾规矩，更要勇担责任、勤政务实，让权力落到实处。

个别干部醉心于声色犬马，追求物质享受，为此滥用权力，以权谋私；还有个别干部消极逃避、无所作为，这些都是全面从严治党所要纠治的乱象。在新时代，广大党员干部应坚定理想信念、以身作则，讲求公心、怀德自重；自觉以国家和人民的利益为重，深深扎根在自己的岗位上，恪尽职守，埋头苦干，以彰显共产党员的清廉风采。

匡衡是我国古代著名经学家，"凿壁借光"这句成语便由他而来。他在文学上颇有成就，特别是对《诗经》有独到的见解。才学出众的匡衡得到了汉元帝的赏识，入朝为官，最终做到了丞相之职，并且被封乐安侯。

匡衡经常上书陈述自己的种种见解，深得皇帝的信任。然而，当职位越来越高，权力越来越大时，匡衡开始滥用手中权力，贪赃枉法。

被封侯之后，他的获封土地为31万亩。可这满足不了匡衡的贪心，他利用郡图绘制错误以及自己的权力，将个人封地扩大了四万多亩，收取大量地租。

匡衡的权力滥用还表现在包庇儿子上。匡衡的儿子匡昌，当时在骑兵部队担任越骑校尉。身为军官，理应严守军队纪律，发挥榜样作用，他却在工作期间喝酒，醉酒后还杀了人。按照当时的律法应当问斩，所以被抓进监狱。匡昌的弟弟知道哥哥下狱后，便与他人密谋救出哥哥。最终，匡衡面见皇帝，包庇了自己的儿子。

后来这一桩桩一件件丑事暴露出来，匡衡被免去官职，贬为庶民，没过几年老死在家中。

※

匡衡有了权力和地位后却不能合理行权用权，忠诚履职尽责，反而以权谋私，滥权妄为，终而落得丢官的下场。

新时代的党员干部应知，克己奉公、清廉自守是廉洁文化的重要内容，也是党员干部应具备的道德操守。

"忠者，行之本也"，恪尽职守是党员清廉品德最为生动的诠释，也是淬炼党性修养、涵养清廉情怀的最佳方式。广大党员干部要清楚地知道自身职责，谨慎用权、廉洁用权，抛却"吃喝享乐"的奢侈作风和"升官发财"的错误思想，真正做到勤勉做事、认真履职，以实打实的行动承担责任；同时要正确处理公私关系、人情关系，以法规党纪为准绳，自觉约束自我思想、规范自我行为，合理行使职权，做到克己奉公、清廉自守。

※

"布衣院士"卢永根1930年出生于香港，自小饱尝颠沛流离生活的苦楚，立下了许国报国的誓言。1949年8月，他加入中国共产党，后在华南农学院农学系完成学业，并顺利留校任教，踏上了"科研＋教育"的道路。

1983年，卢永根被选为华南农业大学校长，主持校务工作。他深深扎根于教育事业，恪尽职守、克己奉公。在他的领导下，许多优秀教师被选拔任用，极大地充实了人才队伍。

对于学生，他严管厚爱，为培育英才鞠躬尽瘁，不仅在学业上进行引导、在思想上悉心培育，更是将这份关爱延续在生活中，关心学生的衣食住行，想方设法地提升学生的生活水平，为此设置了多项奖学金、助学金，让学生能够安心学习、专注研究。

不仅如此，为了让更多学生安稳读书，他将自己的祖产捐献给罗洞小学作为永久校产，用以改善教师与学生的生活，确保更多优秀教师能够留下来；2017年，他捐出毕生积蓄，专门为学生设立了教育基金，用于支持农业教育事业。

在离世前，他特地办理了遗体捐献卡，为医学科研事业作最后的奉献。

从卢永根院士的身上，我们可以看到中国共产党人恪尽职守、天下为公的崇高境界。用权唯公，方能得人心，为此，广大党员干部要树立正确的权力观、利益观和价值观，看到权力中蕴含的责任与担当，主动履责、积极行权、廉洁自律、公正无私，以先进人物与先锋模范为标杆，做到思想上看齐、行动上对齐，尽职履责，以实际行动展现责任与担当。

第四章
拒绝金钱诱惑,践行廉洁作风

"勇于断者,不随其似;明于分者,不混其施。"金钱是检验党员干部党性纯粹与否、信仰坚定与否的重要关卡。在面对金钱利益诱惑时,党员干部要正确认识"权"与"利"、"利"与"害"的关系,始终做到廉洁自律、公私分明,在金钱面前节欲守操,看破利益的虚妄本质,识破诱惑的背后陷阱,始终耐住清贫、守住节操、崇尚廉洁。

第四章　拒绝金钱诱惑，践行廉洁作风

1. 金钱无罪，欲望才是原罪

金钱，从性质上说，是财富的象征；从功能上说，能够满足绝大多数的欲望需求，党员干部也是人，无法避免与金钱打交道，他们也有个人欲望，因此如何获取金钱和使用金钱、如何对待欲望，能够体现一名党员干部的品德心性、道德水准和党性修养。

-----------------------※

清朝时，有个叫范晓杰的人，因为一枚铜钱自毁前程。

有一天，范晓杰到京城延寿寺街上的一家书铺买书。有一位顾客付款买书时，从口袋里掉出一枚铜钱，滚落到范晓杰脚边。范晓杰见没人发现，马上用脚踩住铜钱。待那位顾客离开后，范晓杰急忙俯身捡起铜钱装入自己的口袋。

这一切都被二楼的一位老先生看在眼里。老先生走下楼，来到范晓杰的身旁，与他攀谈起来。在聊天中得知，范晓杰的父亲在朝中做官，他本人一直在读书，打算考取功名，以为国效力。老先生听他说完，拍了几下范晓杰的肩膀就离开了。

后来，范晓杰参加科举考试，考取了功名，被派到江苏常熟担任县尉。按规矩，新官员在上任之前要先到上级衙门投帖，拜见上级。可是范晓杰把名帖递到江宁府后，一连十天都没有收到回复，焦急的范晓杰只好再次去拜见。

"范晓杰，你不必去常熟县上任了，你已经被革职了。"

· 69 ·

江宁府衙的护卫官把巡抚大人的命令传给了他。

"革职？为什么？我犯了什么罪？"范晓杰一头雾水地询问府衙护卫官。

"贪钱！"护卫官一脸严肃地说。

范晓杰一听，连忙请求当面向巡抚大人解释，毕竟自己都没有上任，何来贪钱一说呢？

护卫官转身回到府衙禀报，不一会儿再次出来传巡抚大人的话："范晓杰，难道你忘了延寿寺街上书铺中发生的事情了吗？区区一枚铜板你尚且要贪，若让你做了地方官，难保日后不绞尽脑汁去贪污！"

原来，当初与范晓杰攀谈的正是巡抚大人——一生清正廉洁的汤斌。

糊涂的范晓杰有此下场皆因无法克制欲望，见到利益就忘了一切。

古往今来，贪官污吏屡屡行贿索贿而不知收手，在金光璀璨的珠宝、数额庞大的货币、富贵奢华的房产、价值连城的珍品面前迷失了自我，丧失了理智，明知烫手还要拿，视危险如无物，怎能不堕入万丈深渊？

金钱的确可以改善我们的生活，但过度地放纵欲望、追逐金钱，只会堕入罪恶的深渊。"清心为治本，直道是身谋。"党员干部想要从物欲泥潭中脱身，就要学会管理欲望，守住底线，以理智驾驭欲望，牢记"君子爱财，取之有道"的古训，不取不义之财、不当之利。

"我错了，辜负了党和人民的信任，现在后悔莫及……"

这是某省工业和信息化厅原副厅长李某在贪污受贿的事实被揭露后的忏悔，但大错铸成、为时已晚。

或许是小时候过了太多穷困日子，使得李某对金钱产生了浓厚的欲望，总是想要占据更多的财富，仿佛这样才有"安全感"。在这种欲念的驱使下,他四处投资,但因缺乏经验,赔了本钱,还欠了外债。

此时的李某已是县委书记,有着广泛的人际关系。为了还清债务,他开始频繁地与商人老板接触,并接受各种名义的"资助",没过多久便摆脱了被逼债的生活。

可惜,李某并未吸取教训,不但不克制对金钱的欲望,甚至还变本加厉,绞尽脑汁捞取钱财。他通过私下为他人审批、打招呼、安排工程等方式,获取了丰厚的回报。不仅如此,为了更好地捞金,他甚至利用职权便利为自己伪造了全新的身份证明,并以新身份活跃在商人和老板之间,为自己的钱权交易打掩护。

经查实,2006 至 2020 年,李某用双重身份大肆敛财,累计财产总额达 2000 余万元。最终,被判处有期徒刑十二年三个月,并处罚金 100 万元;各类不法收益被全部收缴。

廉洁应是共产党员的从政品格,也应当是党员干部对党和人民的承诺。李某作为党员干部,却放纵自己的欲望,让贪婪湮没了本性,成为金钱的奴隶,极大地损害了党的形象和信誉。

个别党员干部本是有担当、有责任心的人,但随着权力的增长,欲望也随之膨胀,冲破了自我束缚,继而导致了贪腐行为的发生。可见,无论何时何地,党员干部都务必重视自我修养,筑牢思想防线,面对形形色色的诱惑做到一心不乱,用理智战胜贪欲,用修炼荡涤心灵,在管理和驾驭欲望的过程中不断提升自身的抵抗力、控制力,实现自我净化、自我提升、自我完善。

张养浩,元代散曲家,也是一名清正廉洁的官员。任职期间,他勤于政事、一心为民,多施仁厚宽宏之政,因此深受百姓爱戴。每逢地方天灾,更是捐助资产,帮助百姓渡过

难关，晚年还拖着老迈的躯体前往关中赈灾，散尽家财救济灾民。

张养浩对于钱财向来淡然处之，所得俸禄大多用来救助百姓，他自己则甘于清苦的生活，并怡然自乐。面对官场潜在的"行贿"行为，他统统拒贿不受，每每有人持礼上门，他也闭门不见。

※------------------------------------

张养浩的身上，有一股浩然正气，不论是忧国忧民的情怀，还是淡泊名利的情操，都值得广大党员干部学习——学习他坚守立场、恪守原则、不兴贪欲；学习他面对金钱利益，取之有道、用之有方。

沧海横流，方显英雄本色。党员干部越是面对诱惑越要做到克制欲望、严于律己、廉洁奉公，时刻注重党性修养，看清利与弊、衡量得与失，以严格的纪律、坚强的意志、坚定的信仰祛除私欲，学会在实践中驾驭欲望，掌握人生航舵，沿着正确的方向前行。

2. 利不可滥权而得，取之应遵其道

"君子爱财，取之有道。"对于利益，君子从来不会羞耻于谈论，如果是合乎正道、能够合理取得的财富，即使是卑贱的职务也愿意去做；但若是飞来横财、不义之利，纵使唾手可得、俯仰而拾，也会舍弃。

正如《中庸》所言，"君子居易以俟命，小人行险以徼幸"。君子以仁义为内核，对于利益能够取舍有道、用行舍藏，即使在困境中，也能够遵循己道、不违仁义。

名利富贵，是人正常的欲求，每个人都希望过上优渥舒适的生活，但是如果用不正当的手段获取财富，便背离了道德初衷，更会沦为利益权势的奴隶。贪污腐败分子就是由小而大、由俭入奢，在太多的名利诱惑面前放松警惕，对各种不法利益胡乱伸手，大肆收敛不法之财，最终酿成大祸的。

朱熹对《学而》篇注释道，"常人溺于贫富之中，而不知所以自守"，追求富贵名利就应当堂堂正正、坦坦荡荡。个别党员干部因为执着于贫富的变化，对于各种利益毫不设防，在得到利益的同时更是吞下了"香饵"，从而沦为利益的奴仆，被别有用心之徒狩猎，结局亦是不胜唏嘘。

天底下没有免费的午餐，许多见不得光的财富背后都是"明码标价"，得了利益，就会失去原则；得了财富，就会丧失前途。这也警示更多的党员干部，对于任何形式的利益都要打起精神、保持警惕，多看典型案例、多思贪欲之害、多辨义利之别，练就"火眼金睛"，识破"围猎"陷阱，做到循规蹈矩、严守法纪。

宋某是某省省委原常委、原常务副省长。

该省辖区内有数家为大众所熟知的城市商业银行，但鲜为人知的是，这些银行的诞生与发展都是由宋某在背后推动，这些银行曾一度成了宋某获取利益的"小金库"。

凭借经济建设方面的扎实功底以及研究成果，宋某逐渐在仕途上崭露头角，职务也随之提升。在政府金融工作办公室工作期间，宋某就大力推动城市商业银行的发展，与此同时在背后操控，安排自己的亲信以投资的方式入股该银行，成为大股东。他本人则利用职权为该银行提供各方面的支持。

宋某的捞钱手段远不止于此，手中的权力就是他最大的资本。凭借着在经济领域的权力，宋某为诸多小额贷款公司提供审批、贷款，作为回报，他每次都有数十万、数百万入账。据统计，在宋某任职的二十年时间里，先后非法占有以及收受财物的总额达到八千万元。

最终，宋某被开除党籍、开除公职，并移送检察院进行起诉，等待他的将是法律的严惩。随着宋某的落网，与他有着密切往来的另外五位官员也先后被审查起诉。

宋某的行为是恶劣的，为之付出的代价也是惨痛的。广大党员干部手中的权力是人民赋予的，并非私人所有，权力的行使也要遵循规范、把握尺度，不能与自己的私欲混杂，更不能成为追逐私利的工具，否则终将误人误己。

党员干部在获取金钱财富的过程中，要坦坦荡荡、光明磊落，采取合法正当的方式，不能急功近利，更不能滥用职权，要敢于接受监督、自觉接受监督，让私人财产可以见光见日，这样才能问心无愧。

杨继宗，明朝成化年间"天下四大清官"之首。在担任

第四章 拒绝金钱诱惑，践行廉洁作风

浙江嘉兴知府时，杨继宗体察民情，多兴实务，时常召集地方乡绅名流，问询地方政策、感受百姓疾苦。他劝农课桑、鼓励耕种，解决百姓的农业问题，并且大力兴办教育，整顿学宫、兴办社学，补助贫困学子。

嘉兴地处钱塘江北岸，时常有海水倒灌，杨继宗便积极兴修水利。修建工程就给了官员贪腐的契机，他们通过虚报款项、克扣材料、征发徭役等方式攫取利益。杨继宗为了治理好嘉兴的水患，亲自考察地形、设计图纸，确定了工程的大概花费，之后更是亲自督导、事必躬亲，让每笔钱都落到实处。

当时的官场相互勾连、宦官擅权，贪污受贿的风气十分兴盛。杨继宗对此则是嗤之以鼻，毫不逢迎。面对下级官员的献礼送礼，也是拒不接受，原物奉还。

居身持正，也是党员干部应当谨遵的从政原则。作为公权力的行使者，党员干部想要获得人民群众的认可和支持，务必身体力行、严于律己，做到洁身自好、公正无私，不利用手中的权力获取利益，不通过身份的影响力谋求财富，要正其身、慎其行，干干净净做人、清清白白做官，这样才能成为一名合格的党员干部，才能对得起人民群众的信赖。

3. 钱途不是前途，执迷金钱万劫不复

《红楼梦》第一回中，跛足道人作《好了歌》，其中有四句："世人都晓神仙好，只有金银忘不了。终朝只恨聚无多，及到多时眼闭了。"语言朴素、词调简约，却有着深刻的警示意义。财富再多，生不带来、死不带去，过度追求毫无意义。然而，在现实生活中，不乏对金钱的狂热崇拜，有人将人生的价值定义为对金钱财富的追逐，将成功的标志界定为财富储蓄的多寡，个别干部直接将权力作为谋取金钱、获取财富的工具。

"一任清知府，十万雪花银。"之所以广为流传，就因为其是社会的真实写照。"金钱等于成功"，这种价值观念不仅为生意人所信奉，更是诸多贪官污吏的"人生信条"。在他们的认知中，有权就是有钱，钱途就是前途，任何事情都可以用金钱开道、用财富铺路，所以卖官鬻爵、上下遮掩、暗通款曲等行径层出不穷。

视金钱为万能、为金钱而当官，这本就是扭曲的价值观念，纵然侥幸逃过纠察，得到一时的恣意享乐，但最终的结果依然万劫不复，甚至会被钉在历史的耻辱柱上。因此党员干部要正风气、强理念、定人心，看破金钱的外在幻象，破除对金钱的追逐与贪婪，树立正确的权力观、利益观、政绩观，正确行使权力、履行本职，认识金钱的工具属性、把握权力的为民本质，积极投身到为人民服务的实践中，真正将人民群众的利益福祉和满意程度作为自身行动的衡量标准，这样前路才会愈走愈宽、无限光明。

第四章 拒绝金钱诱惑，践行廉洁作风

------------------------------※------------------------------

东汉末年，朝政崩坏，法纪不存，官员之间相互贿赂、卖官鬻爵的情况层出不穷，朝野上下腐败成风，百姓生活在水深火热之中，其中权臣梁冀便是贪官污吏的典型代表。

他利用手中的权力大肆敛财，掠夺金银财宝。根据史书记载，在当时有闻名天下的富豪孙奋，家资亿万，梁冀为了巧取豪夺，向孙奋赠送了一辆马车，随后立即提出借钱五千万，实则为敲诈勒索。

孙奋自然不甘心，但又惧怕梁冀的权势，不敢轻易拒绝，于是主动献出三千万。但这并没有满足梁冀的胃口，反倒激发了他更大的贪欲。很快，他开始罗列罪名、伪造证据，以盗窃公物的名义将孙奋兄弟抓捕，并将其全家老小打入监狱，更是以清抄家产的名义独占孙家的亿万资产。

不仅仅是孙家，只要是有名望的富豪大户，梁冀都会伸出魔爪，通过栽赃嫁祸等卑鄙恶劣的手段掠夺财富，还派遣家奴侵占百姓的良田沃土，以巧取豪夺的方式买进土地，诸多百姓只能租田耕种。梁冀积蓄了大量财富，之后广造宫殿、储存金玉，日夜歌舞，娱恣无度。

最终，梁家全家被诛灭，显赫一时的梁氏也彻底消亡。

------------------------------※------------------------------

"清廉"乃为政之本，也是立身之要。梁冀因为不能看破金钱的本质，过度追逐、执迷其中，最终万劫不复。"前途"并非"钱途"，各类形式的卖官鬻爵、暗通款曲都只是阳光下的阴暗面，终究不能长久，势必会遭到清扫，如果将自身的仕途寄托在利益的交换上，用金钱开道，结果只会人财两空。

"大道之行也，天下为公。"清正廉洁不但是广大党员干部的自我追求，更是人民群众的殷切希望。党员干部要想有前途、有希望，就要自觉远离贪污腐败，抵制金钱诱惑，做到廉洁自律、遵纪守法，确保心态不失衡、方向不走歪、道路不走偏；要把更多的心思用在服务人民、廉洁从政上，坚持以人民群众的幸福生活为出发点与落脚点，精准对接群众需求、全力满足群众需要，让为民服务能够走深走实、见行见效。

"一心为民的模范村党支部书记"，这是人民群众对朱缀绒同志的最大赞誉与最深认可。

为村民办实事，这是朱缀绒的初心，也是长久以来的工作原则。皋泄村位置偏僻、交通落后，村里人只能靠山吃山、靠水吃水，勉强维持温饱。为了改变这种状况，朱缀绒带着村民种植反季大棚蔬菜，学技术、找人才、开销路。每逢抢险救灾，朱缀绒更是冲锋在前，彻夜作战，牢牢守护人民群众的生命财产安全。

公而忘私是朱缀绒生动的写照，对于人民，她向来是全心奉献；对于金钱，则是分毫不占。村里财政有限，干部活动经费不足，她就守着清苦的日子，用老旧的办公桌、穿磨毛的粗布鞋、吃最便宜的方便面。在主持东皋岭隧道工程时，她的儿子想要运石料做生意，但被她阻止了，因为"这样掺和进去，公家的账就算不清楚了"。

虽然生活拮据，村里农户的种子、工具，困难人家的鞋子、棉被……朱缀绒总会自掏腰包补贴。

在朱缀绒同志的心中，有着一本账：笔笔记的是群众，页页写的是人民，油盐酱醋、家长里短、一草一木……这些都沉淀着最为深厚、最为真挚的情感。

每个党员干部都有自己的目标，但需要明确的是，党的根基在人民群众，决定党员干部仕途命运的也是人民群众，与其想着追逐金钱、财富，与其想着打通关系脉络，不如沉下心来、俯下身来，将更多的心思放在服务人民、奉献人民上，真正做好民生工程，为党的基业长青奋斗终生。

4. 财帛能动人心，横财亦是香饵

"礼下于人，必有所求"，这是千百年来流传下来的古训。正如猎人在对付狡猾的狐狸或者凶猛的山熊时，都是以肉食诱之、陷阱待之，若失去警惕，必将丧命。

纵观多数贪官的"落马"，都是因为抵御不了诱惑、被金钱利益冲昏了头，从而降低底线、放弃原则。有的干部起初还能保持警惕，但在长久的腐蚀拉拢下终究变了色。贿赂者的手段也是五花八门，或是简简单单的吃喝玩乐、逢年过节赠送礼品，逐渐让干部放松警惕；或是直接给予重利，各类银行卡、珍宝古玩、名牌奢侈品争相奉上；或是数额庞大的金钱以及贵重的房产，直接击破干部的纪律防线，进而实现钱权交易、利益输送。

"天下没有免费的午餐"，任何不求回报的金钱给予，往往都会付出惨痛的代价。不论出于何种心理，但凡在思想上有所松懈、对利益诱惑产生心动，势必会让歪风邪气乘虚而入，导致底线失守。不少党员干部就是因为贪小利而失了大节，以为神不知鬼不觉，便心安理得，实则是咬住了"饵料"，被人拿住了把柄，逐渐被拖进了"深水区"。

古语云："物洗则洁，心洗则清。"面对天降横财，只要不生贪念、视之无物，自然不会影响到自己。在奋进新征程的道路上，有着诸多风波险恶、数不尽的明枪暗箭，想要不被利益所裹挟，就要保持清廉作风、远离天降横财、恪守党纪国法，自觉抵御各式各样的金钱利益诱惑，保持思想定力、做到克己修身，这样才能远离陷阱，百毒不侵。

------------------------------------ ※

2010年，项某调任某市联合产权交易所工作。职务权力大了，社交面自然也广了，不少企业家、商企老板都争相与项某往来。

起初，项某比较谨慎，迟迟不敢下决心，但张经理在旁边进行劝导，表示只是简单地咨询，不是走关系，就这样逐渐打消了项某的疑虑。完成咨询后，对方很快转来"咨询费"，后续没有任何"遗留问题"，这让项某十分安心，此后他的胆子越来越大。有了张经理的牵线搭桥，项某接连完成了数单"咨询"业务，获利颇丰。

在不知不觉间，项某与商人老板的牵扯越来越深，他不再满足简单的"咨询"业务，而是开始利用职权谋取私利，并与朋友合伙开办了"咨询"公司。明面上是进行咨询接待、项目推介，背地里则是项某暗箱操作、公权私用的不法工具。在此后的十数年时间里，项某以咨询费、手续费等名义获利2000余万元。

※ ------------------------------------

"轻者重之端，小者大之源"，很多时候，简单的利益诱惑往往隐藏着深深的陷阱，只要行差错步，便再无翻身余地。正如案例中的项某，手中已经掌握权力，生活安安稳稳，却因为缺乏警惕、贪图小利，吃下裹着糖衣的"毒药"。

在现实生活中，个别干部便是如此，纪律意识淡薄、党性原则不强，面对形形色色的诱惑总是在不知不觉间露出破绽、暴露弱点，从而被居心叵测之人一举攻破。

------------------------------------ ※

魏象枢是清康熙年间的著名廉臣，有"清初直臣之冠"的美誉。魏象枢家境贫寒，生活清贫，朝服穿用多年，三餐简单节俭。

第四章 拒绝金钱诱惑，践行廉洁作风

顺治三年，魏象枢高中进士，正式开始了自己的仕宦生涯。彼时，朝廷风气不佳，重宴饮，官员多享乐，而魏象枢在初入官场之时就给自己立下规矩，要"誓绝一钱"，并为此奉行终身。

担任都察院左都御史时，魏象枢在门外刻一木柬"自揣凉薄，一切交际，概不敢当"，以此来谢绝人际交往，表明自己的志向。

除了拒绝各类行贿收入外，魏象枢对于各类人情往来更是敬谢不敏，毫厘不占。母亲年老体衰，魏象枢回乡侍奉，当时地方的官员乡绅以及门生故吏前来探望，并携带礼物。对于这类礼节性往来，魏象枢依旧恪守原则，婉言拒绝，只留下其中较为普通的瓜果蔬菜，并以市场的价格购买。

魏象枢为官期间，曾上疏百余份，大多是整顿官场、针砭时弊，而他本人也以身作则，将"誓绝一钱"的宗旨践行终身，廉洁如初，得到了康熙皇帝的褒奖，被赐予"清、慎、勤"三字，并钦赐"寒松堂"书匾。

------------❈------------

"千磨万击还坚劲，任尔东西南北风"，为官从政要学竹节的精神，始终坚定信念、恪守原则，驰而不息地与形形色色的诱惑作斗争，让清廉精神盈满心间。就像魏象枢，慎始慎终，将"誓绝一钱"的理念奉行终身，坚定抵御官场的恶俗风气，更是将大大小小的利益诱惑拒之门外，真正做到了廉以修身、俭以养德。

------------❈------------

王树英，著名神经外科专家、世界神经外科学会会员、全国五一劳动奖章获得者、全国卫生系统先进个人。

有人说他作为著名专家，每天都会有很多患者排队等他医治，宛如"抢着送钱"一般。听到这些议论，王树英说："医生的职业就是救死扶伤，不能让钱和利益迷住了心窍，严于律己,是我做人的原则。"

一次,一名患有严重肿瘤疾病的病人和家属慕名找到王树英,此前他们已经跑了几家医院,但均被拒收。见到王树英时,患者家属马上跪在他面前,哭诉求医之难。王树英见状,一边拉起跪在地上的患者家属,一边表示会全力以赴。患者家属深知手术的难度,便偷偷把一个厚实的信封塞进王树英的口袋。王树英一看,不快地说:"你这是干啥,你把我当成啥人了!"患者家属道出自己的担忧,表示只有收下钱他们才踏实,王树英为了让他们安心,便只能暂时收下。

经过五小时的手术,患者平安地下了手术台。事后,王树英把患者家属叫到自己的办公室,说了这样一番话:"我们医生不是为了钱才收治病人的,治病救人是我们的本分。你硬给我送钱,是受了社会上不良言论的影响,也是对我的不尊重,现在手术已做完,而且很成功,你大可放心了。你现在必须把钱拿走,这可不是和你开玩笑。也请你转告新来的病人,告诉他们医院是不收红包的。病人得了这么大的病,治病需花不少钱,你们挣钱不容易,不能乱糟蹋。"

还有一次,一位70岁的老太太拿了一些家乡土特产来看王树英。原来,老太太几十年前患有小脑胶质瘤,多亏了王树英治疗才挽回性命。王树英不肯收老太太的东西,可老太太执意相送,最后还是王树英的爱人去超市买了其他礼品回送,王树英才勉强收下老太太的土特产。老太太走后,王树英的爱人笑他太固执,可王树英却说:"小利咱不沾,恶名离咱远。咱不能为了占小便宜,坏了名节呀!"

数十年如一日不为钱财所惑,王树英用自己的实际行动展现了一名优秀共产党员的风采。

※------------------------------------

新时代的广大党员干部要自觉涵养"清正廉洁"的道德品质,树立

"廉洁奉公"意识,保持思想定力,自觉抵御生活中的各类金钱诱惑,做到不贪婪、不妄求,始终恪守原则、遵守纪律,杜绝金钱财物的诱惑;练就"火眼金睛",明察秋毫,识破各类横财香饵背后的陷阱,斩断自身滋生的贪念欲望,真正做到不敢腐、不能腐、不想腐。

5. 干部者，当轻财、重义、为民

孟子云："鱼，我所欲也；熊掌，亦我所欲也。二者不可得兼。"世人时常会遇到各种各样的选择，其中最多的恐怕要数"义"与"利"的选择。当"义"与"利"交织在一起，如何作出正确的选择，就是考验一个人的品行修养和道德品质。对党员干部而言，更是考验其党性成色、检验其从政品质。

清正廉洁、艰苦奋斗是共产党人的鲜明品质，也是其对待权力、利益的行为方式与处事原则。在生存艰难的革命战争时期，即使环境再恶劣、处境再艰苦，共产党人始终坚定理想信念，董必武先生为六角钱作检讨、王朴母子毁家纾难……他们轻的是个人私利，重的是民族大义，为万千党员干部树立了榜样。

"在官惟明，莅事惟平，立身惟清。"重义轻利是传统文化倡导的价值观，也应当成为党员干部立身处世、公正行权的标准。"义"即国家大义、人民大义，要自觉维护人民利益、遵守党纪法规，做到公正用权、廉洁用权；"利"即个人私利，诸如金钱财富等，只有做到廉洁奉公、光明磊落、不贪不占，才能成为合格干部。

"些小吾曹州县吏，一枝一叶总关情。"党员干部的权力来自人民，理应服务人民，因此无论在生活中还是工作中，党员干部都要重视党性修养、坚定理想信念，自觉摒弃自我私利，始终将人民放在最高位置，既要严于律己、克己奉公、以俭修身，以如履薄冰的心态守住小节；更要志存高远、勇于开拓，坚持服务人民、奉献社会，树立公而忘私、舍己为民的大德，让党性熠熠生辉。

---※

范蠡，春秋时期楚国人。在辅佐勾践完成复国大业后，他功成身退，化名为"陶朱公"，开始白手经商，后一跃而成为天下闻名的富豪。

在灭掉吴国后，越王勾践论功行赏，范蠡得到高官厚禄，他本人却将所得的财物分给一众友人，而后便飘然而去，隐居他国。功成而急流勇退，重利而漠然视之，这是范蠡的一聚一散。

离开越国后，范蠡潜居在齐国，"耕于海畔，苦身勠力，父子治产"，在短短的时间里就积累了巨额资产，贤名远播四方，并在齐国拜相。不过，还不足三年，范蠡就辞去职务，再次将自己的家产尽数分给齐国的百姓，而后离去，这是范蠡的二聚二散。

随后，范蠡辗转四方，选择定居在经济发达的山东定陶，再度从商，之后又在短时间内积蓄到千金之巨。当时恰逢山东大旱，范蠡便将自己的财物尽数分给百姓。就这样，范蠡几度聚财散财、散财聚财，直到年老之后，他将所有的财产尽数分发，携带妻儿归隐山林，不再从商。

※---

范蠡三聚三散的故事有着诸多传奇色彩，至今仍为人津津乐道。对于范蠡而言，权势和财富都不足为道，他视钱财如同身外之物，真正做到取之于民、用之于民。

广大党员干部也应当努力修行，树立正确的金钱观、权力观、利益观。以人民群众的利益为重、以人民群众的幸福生活为目标，不执着于追求金钱，不滥用公共权力、不贪图安逸生活，努力将个人的理想、目标与国家的事业发展、人民的幸福安乐紧密联系在一起，在服务人民的过程中彰显人生的价值以及作为一名党员的责任与担当。

"我不鼓励这个时代的科研人员放弃专利。但医生不能只想着发财,救死扶伤才是我们的首要任务。我最喜欢别人叫我王医生。"面对媒体记者的采访,王振义教授如是说道。

王振义教授1948年获得上海震旦大学医学院博士学位,在内科血液学方面有着深厚的功底与造诣,更是凭借白血病诱导分化疗法成为领域权威,获得2010年度国家最高科学技术奖。

他的白血病诱导分化疗法为患者带来了希望,而为了让更多患者能够吃得起救命的药物,他放弃专利申请,仅以成本价出售救命药。

不仅如此,在获得国家最高科学技术奖、未来科学大奖生命科学奖等奖项时,他将百万奖金尽数捐献给扶贫基金会、上海交大医学院等,用来支持科研、教育、公益等事业。

王振义教授牵挂的始终是病患,这正是医者最为朴素的情怀。正如他所说,"我觉得作为一个人就是这样,你要有进取的雄心,但要对名利等一些问题看得淡",人生的价值不是财富的多寡可以衡量的,相比起积蓄财富、追求利益,帮助更多的人更有意义。

由此及彼,作为党员干部,必须将理想信仰、道德品质看得重于一切,做到服务为民、奉献社会,树立正确的义利观,涵养轻视财富、关心他人的崇高情怀,律己以廉,抚民以仁。

第四章　拒绝金钱诱惑，践行廉洁作风

6. 清正廉洁可传家，遗金满籝常作灾

廉洁文化，是中华民族在历史实践中形成的重要文化，不论对个人的成长发展，还是对党员干部的修身养性及党性淬炼，都有着极其重要的作用。在全面从严治党工作中，既要发挥制度体制的约束引导功能，更要运用好文化潜移默化、润物无声的育人功能，为推进全面从严治党向纵深发展提供文化支撑和思想支撑。

廉洁文化在漫长的历史实践与社会演变中呈现出多种形式，其中廉洁家风家训是重要代表。观那些长盛不衰、人才辈出的优秀家族，并非以积聚了大量金钱、财富闻名，而是以家风家训传世，这是家族凝聚力与生命力强盛的根本。

百年党史所留下的红色家风家训，是广大党员干部共同拥有的丰厚精神财富。要在思想上学习、在行动中继承、在实践中创新，要善于从红色文化中发现廉洁因子，学习廉政品德，发扬清廉精神；以红色文化为镜，对标自我、审视自我，保持科学正确的金钱观，做到不贪不占、清清白白，追求高远的精神境界，涵养高雅情趣、倡行俭朴生活，在修身养性中熄灭金钱物欲，自觉做到廉洁自律、清白做人、干净做事，争当修身齐家的标杆，使红色家风代代相传，让廉洁文化历久弥新。

---------------------------------------※

　　马援，字文渊，扶风郡茂陵县人，一生南征北战，立下赫赫战功，为官从政更是清正廉洁、忠心为国，堪称古今官员的典范。

除了军事才能，马援爱护百姓、善于修身，相比起行事粗暴的武官，他每次攻伐地方都会安抚百姓，从不掠夺金银财宝，对百姓秋毫无犯，甚至修治城郭、开渠引水、完善律例，让民众生活有条不紊。

马援戎马倥偬，战功赫赫，但从不居功自傲，也不贪图富贵，事事都以国家为重。在教育子女方面，他从不溺爱，不为子孙积攒金银财宝，以免他们沉溺富贵、玩物丧志，而是事事以身作则、率先垂范。少年时，马援就有"马革裹尸"的豪情壮志，因此时常教育子女要"丈夫为志，穷当益坚，老当益壮"；并告诫子女不要迷恋富贵财物，"凡殖货财产，贵其能施赈也，否则守钱虏耳"，钱财的价值在于扶危济贫，如果过度地看重钱财，只会成为守财的奴隶。

在马援的言传身教下，马家后辈家族子弟不沉溺嬉闹娱乐，不追求奢侈生活，而是专心学习典籍、修身养性，时常与品德高洁的人士往来，相互切磋、共同奋进。

※

"男儿要当死于边野，以马革裹尸还葬耳"，寥寥数言，虽隔千年，依然振聋发聩。马援的气节让人钦佩不已，而他轻视私利、清正廉洁、爱民如子的高尚品德与磊落品性更是今人学习的榜样。

在中华民族的历史中，许许多多的有识之士都淡泊名利，不追求物质的积蓄，而注重精神的传承。诸葛亮的《诫子书》、脍炙人口的《颜氏家训》《朱子家训》《袁氏世范》等，都强调道德品行的培育，极其重视个人品德，许多名言警句至今依然有着深刻的教育意义，值得党员干部学习与传承。

遗馈千金，不如薄技在身，更不如良言在耳。今天的党员干部，更应当注重道德品行的修养，不痴迷财富、不放纵贪欲，以廉修身、以俭养德，树立良好的行为标准与道德模范。

第四章 拒绝金钱诱惑，践行廉洁作风

------------------------------※

　　1955年，张富清响应国家号召，退伍转业，到地方工作。作为屡立功勋的优秀战士，张富清若想要分配到城市工作可谓毫不费力，相比起乡镇，城里不仅待遇好、生活优，工资也更高。张富清没有选择落户大城市，而是前往湖北恩施最偏远的来凤县，开始了自己全新的"征程"。

　　"做人要知足，要懂得感恩，不给组织添麻烦"，这是张富清常念叨的话。来凤县经济落后、生活艰苦，没有丰厚的工资，但张富清知足常乐，从不为自己的选择而后悔，主动扎根山村。

　　虽然是干部，但张富清从来不伸手、不要钱，还主动掏腰包为穷苦的百姓解决难题。而他自己，在80年代建成的老屋里住了一辈子，简朴老旧的家具一用再用。虽然没有积累太多物质财富，张富清却给子女留下了受益终身的精神财产。从小教导他们养成简朴的生活作风，学会自食其力、自力更生，帮助他们早早地树立了正确的价值观，让他们学会了知足常乐，不追求物质利益，只专注于精神世界的充盈。

　　在张富清的影响下，儿女们自小就养成了优秀的品格，虽然没有大富大贵，但相亲相爱、和谐温馨，在各自的岗位上发光发热。

※------------------------------

　　"忠厚传家久，诗书继世长"，比起白玉为堂金作马的豪富奢侈，优良的家风家训更有生命力，更能让子孙后代受益无穷。就像张富清那样，终身为党、无私奉献，以自己的言行举止为子女树立了良好榜样，难道这样的精神传承不更具价值吗？

　　广大党员干部应该明确一点：金钱的价值是有限的，优秀的道德品质却能够世代传承，成为立身处世之基。因此，党员干部要树立正确的价值观，主动追求精神层面的富有，坚持讲党性、重品行、作表率，在生活中培育积极健康的生活情趣，在艰苦奋斗、自力更生中实现人生价值。同时，不断利用廉洁文化开展宣传教育，引导党内风气、社会风气，形成为政清廉、秉公用权的良好氛围，让清风正气盈满家园。

第五章
正确处理感情,消灭腐败萌芽

"爱之不以道,适所以害之也",拥有复杂的感情是人的天性,但不能因此颠倒了感情与原则的关系。党员干部必须守好"感情关",慎重处理感情,将党和国家置于个人的情感与私欲之上,自觉消除不良情感、抵御美色诱惑、厘清公私界限。

第五章　正确处理感情，消灭腐败萌芽

1. 发挥表率作用，情不可高于法

"积善之家，必有余庆；积不善之家，必有余殃"，对广大党员干部而言，亲情关、感情关是必须要过的"关卡"，是否能够冷静清晰、正确科学地处理感情，在某种程度上决定了党员干部能否坚守清正廉洁的政治品质。

腐败典型中不乏家族腐败、夫妻腐败的案例。有的党员干部以配偶的名义掩盖自己的行贿行为，配偶更是主动配合，代为遮掩；有的商人老板走起了"配偶路线"，与党员干部的配偶建立利益关系，促使他/她们大吹"枕边风"，继而搭建利益输送链，个别党员干部就在这样的环境、这样的方式下，在不知不觉间被"拖下水"。

广大党员干部对外要严守纪律、恪守原则，面对利益诱惑不动摇；对内则要谨防"堡垒被内部攻破"，要重视家风家教，严守党规党纪，以身作则，约束好自己的配偶，多做思想沟通、多行教育引导，讲清楚道理、树立好标准、约束好行为、处理好情感。正所谓"夫妻同心、其利断金"，夫妻俩主动筑牢拒腐"防火墙"，自然可以将滚滚诱惑抵御在外。

人人都有软肋，枕边风、美人计、亲情关，这些都是党员干部要面对的现实问题。相比明面上金钱利益带来的诱惑，这些潜伏在暗处的陷阱更为隐蔽、更为致命。这就进一步要求党员干部要严于律己、清正廉洁，既要加强自我修养、克服欲望冲动，更要正确处理情感，严格对待配偶的思想教育，力戒特权思想和享乐思想，严守党纪国法，崇尚俭朴生活，做好廉洁用权、廉洁齐家的模范。

卢水根是某市市委书记，自上任以来，始终廉洁自律，秉公用权，从未动用手中的权利为自己、为家人行方便、谋福利，更没有收受他人好处，为他人开绿灯的情况。他在当地任职，妻子潘阳则留守老家，负责照料家庭。

2018年3月，因工作原因，卢水根要去老家开会。工作之余，他抽了点时间回家探望，妻子告诉他自己的工资又评上了一级。潘阳在某机关任职，已经有多年的工作经验，而这次也不是她第一次调资，早在数年前刚入职不久她便得到调资的机会，但在卢水根的劝说下，她主动向上级提出放弃。

而现在家里里外外都要操持，生活支出实在不小，因此潘阳很想把握住这次机会。卢水根听完妻子的话后，沉思了一会儿，再次劝说妻子放弃这个机会。他说："我是干部，凡事都要做出表率，有好事不能先往自己身上揽，千万不能让人戳脊梁骨！还是把机会让出去吧！"

潘阳听完丈夫的话，默然不语。不久之后，已经回到岗位的卢水根收到妻子的回复：老卢，你说得对，党员干部要以身作则，我是干部家属，也要有这点觉悟，我决定让出名额……

中国共产党是一支始终把理想信念摆在首位的队伍，廉洁自律、公而忘私也正是共产党人的价值追求。正如卢水根，充分发挥共产党人的表率作用，主动说服妻子潘阳放弃自我利益；而妻子潘阳也堪称"贤内助""廉内助"，不思小利，不重私欲，毅然听从丈夫的意见，也同样为党员干部树立了榜样。

共产党人理应有这样的思想觉悟和道德境界，既要牢守政治规矩、铸就廉洁本色，更要时时以人民利益为重，平衡好个人情感与家国情怀的关系，始终发挥艰苦奋斗、廉洁奉公的优良传统，不徇私情、不违规矩、不图享受，为了人民利益不计个人得失，以实际行动彰显共产党人

第五章　正确处理感情，消灭腐败萌芽

的廉洁风范。

※

同治四年，北部地区灾祸频发，百姓流离失所，苦不堪言。朝廷积极应对，赈灾救济，并安排官员安抚灾民，官声卓著的侯鸣珂临危受命，负责境内的赈灾事宜。

当时条件艰苦、物资匮乏，治下的灾民数量过万，每天需要的救济粮食数目巨大，只能节衣缩食，勉强度日。在这样的情形下，侯鸣珂也给自己的家人立下规矩，严格控制每天的粮食数量，不准添加细粮。

不久后，县衙内的一名小吏实在忍受不了清苦的餐食，就利用自己的职权克扣物资，并向老百姓要来十斤猪油。为了逃避责罚，小吏没有独吞这批物资，而是将一半猪油送给了侯鸣珂的妻子，想要以此封住侯鸣珂的嘴。

侯鸣珂的妻子虽然想拒绝，但眼见丈夫由于长期吃粗简饭食，身体逐渐支撑不住了，而且猪油并不是太值钱的东西，便留了下来。侯鸣珂知道这件事后，顿时火冒三丈，他深知以自己的身份，如果处理不好，势必会动摇官府的威信，所以他先是将小吏逐出衙门，在勒令妻子归还猪油后，又按照规定给予妻子杖责的惩罚。

※

划清公私界限，才能筑牢拒腐防变的基石，尤其是掌握公权力的党员干部，既要摆正位置，克制自己的私欲，又要以公正的心态处理私情与公权的关系。侯鸣珂面对妻子的"违法违规"行为，秉公执法，因为他知道法纪面前容不得半点私情，绝不能以私废公。

今天的党员干部，也要具备这种责任与态度，正确处理私人情感，树牢法纪至上观念，在任何时候都要牢记职责、牢记使命、牢记规矩，同时在生活中要加强对配偶的监督与约束，强化纪律意识、讲清政治规矩，如此才是对配偶最有力的保护，才能筑牢拒腐防变的家庭防线。

2. 美色亦是毒药，引发腐败萌芽

贪如火，不遏则燎原；欲如水，不遏则滔天。美色诱惑如同利刃，锋利无比，更是刮骨吸髓，后果严重。一方面，过度沉溺美色会导致思想动摇、意志松懈，个别干部在掌握权力后开始放纵自我，党性修养不足，对美色毫无抵抗力，贪欲不断膨胀，最终被色欲拉下马；另一方面，干部沉溺美色严重损害党和政府的形象，扰乱清正廉洁的政治风气，降低人民群众对党员干部的信任。

《论语·季氏》中云："君子有三戒：少之时，血气未定，戒之在色。"灯红酒绿、声色犬马的生活充满诱惑力，但不应是党员干部的贪恋之所。

党员干部要坚定信仰、站稳立场，坚决抵制美色诱惑、看破色欲陷阱，做到"重德""慎色"，面对美色诱惑要多念家庭、多思党纪，自尊自重、自省自律，掐灭不良情感的幼苗；同时要加强党性锻炼、重视自我修养，自觉远离美色诱惑、追求高雅的生活情趣，做到望"美色"而止步，敬"美色"而远之，如此才能不负家庭、不负国家。

------------------------------------ ※

杨某是某市委原书记，任职期间滥用职权、沉迷美色。他经常寻花问柳，凭借自己的职权结识了不少颇有姿色的企业女员工，还悄悄避开妻子在外包养了数个"情妇"，过起了花天酒地的生活。

随着情人的数量越来越多，所需花费的金钱也与日俱增，以杨某的工资根本无法维持如此巨额的花费,于是他开始利用自己的职权作起违法交易,为企业老板承揽各类项目工程,以此换取巨额回报。

杨某沉溺在"温柔乡"里,过着糜烂的生活,殊不知,危机早已埋下。因为情人数量较多,相互之间开始攀比,其中一个情人竟因为杨某对自己疏忽而愤懑不平,冲动之下选择揭露事实,直接将杨某贪污腐败的证据传到网络上。检察机关闻风而动,顺利将杨某批捕归案。

杨某的荒唐故事落幕了,但其中的教训令人铭刻于心,引人深思。个别领导干部一旦握有大权,便思想松懈、意志薄弱,热衷于低级趣味,喜欢寻花问柳,继而深陷桃色关系,自然而然地走向腐败贪污的道路。

古人云:"凡善怕者,必身有所正,言有所规,行有所止。"党员干部想要避免行为越轨,就需要树立敬畏意识,看破美色虚妄的本质,以"落马"干部为戒,做到不为美色皮相所迷惑,将党的纪律牢记在心里,做到立身守正、清白为官。

张彩,字尚质,号西麓,安定人(今定西市),明朝官员。

正德初期,太监刘瑾掌握大权,在朝野上下排斥异己、安插亲信,张彩凭借与刘瑾同乡的关系主动依附,还因为自己的进士功名深得刘瑾的赏识,并引为心腹。

权力的增长使张彩内心欲望极度膨胀,以往压抑的本性也暴露无遗。他开始凭借着自己的权势到处搜罗美貌女子,以满足自己的色欲;令人不齿的是,因为早期经历的影响,张彩不仅喜欢美貌的女子,更喜欢别人的美妾,经常巧取豪夺,曾有官员因为拒绝赠送美妾而被张彩诬陷罪名,最终被发配到边疆苦寒之地。

直到刘瑾倒台，张彩被安上了谋反的罪名，最终因过度惊惧死在狱中，但仍然被"锉尸于市"。

※------------------------------------

从位高权重到"锉尸于市"，张彩的人生经历揭示了什么是"色令智昏"。不懂得克制自己的欲望、不能规范自己的言行、不能审慎行使权力，虽然一时"志得意满"，但最终只能是惨淡收场。

广大党员干部必须引以为戒，想要安安稳稳地过好生活，就要掐断色欲之火，时刻保持思想清醒，将"靡靡之音"抛诸脑后，以对家庭、对组织、对人民的责任为内核，牢固筑起"美色防线"，消灭情色欲念。

第五章 正确处理感情，消灭腐败萌芽

3. 防范不良情感，坚守廉洁品质

元代文学家马致远在作品《黄粱梦》中写道："一梦中十八年，见了酒色财气，人我是非，贪嗔痴爱，风霜雨雪。"对于大众而言，酒色财气再为熟悉不过，大多数人在生活方面都有所痴迷、有所执着，或是贪念杯中之物，或是爱好钱财，或是为美色所吸引。正所谓"萝卜白菜，各有所爱"，每个人并非道德君子，吃五谷杂粮、有喜怒哀乐，有些缺点也属正常。然而，若是身份转化、立场转变，不是平民百姓，而是党员干部，就必须远离一切容易影响心智的情感，"酒色财气"关系着党员干部的从政品格和政治前途，更直接影响到党风廉政建设与政府公信力。

党员干部走上贪污腐败、违法犯罪的道路，大多是源自不良的生活习惯与低俗的生活情趣。在权力的影响下，贪财好色的缺点被持续放大，再加上缺乏有效的监管，致使少数党员干部头脑一热，开始放纵自我，将财富与美色当作人生的终极追求，从而越陷越深、无法回头。

曾有媒体围绕"党政领导干部应谨防哪些诱惑"的主题展开数据采集与分析，得出的结果显示"美色诱惑与性贿赂"位居首位，从中可以看出，美色对于党员干部有着极强的杀伤力。而美色与财富向来如影随形、相互交织，当美色攻破党员干部的防线后，随之而来的金钱贿赂便顺理成章了。甚至不少党员干部为了躲避督察，将房产豪宅、奢侈品等记挂在"情人"名下，或以"情人"为联络桥梁，收取巨额贿赂。

党员干部要从过往案例中汲取经验、吸取教训，主动远离低俗情趣，自觉抵御金钱与美色的诱惑，时时修身养性、不断淬炼党性修养，

新时代廉洁文化建设实务

自爱自重、自勉自持。

---※---

罗某是广东茂名市某职能部门"一把手",在2011年的反腐行动中"落马"。

"吃喝玩乐"是罗某的为官目的,由于自小家庭条件普通,他对于优渥的生活十分向往。大学期间,他经常与同校的不良分子出入各类娱乐场所,沉溺于吃喝玩乐,为了满足个人私欲,便以学生组织会的干部身份作掩护。

在进入公务员队伍后,罗某更是醉心于酒色财气。表面上,他是一名普通的党员干部,工作不出彩但很勤恳,背地里则骄奢淫逸、好色贪财,经常利用自己的身份出入各类夜总会,满足自己的色欲,并将这类地方作为招待朋友的场所,拉拢腐蚀了不少部门干部。

经查实,罗某数年来收取的贿赂达数百万元,更同时与数十位女性保持着不正当关系,腐化程度令人瞠目结舌。

---※---

积极健康的生活方式与正面向上的情感,是党员干部净化心灵、淬炼思想的最佳方式。

"靡靡之音"培育不出思想纯良的优秀干部,追逐美色、沉溺金钱、喜好奢侈,都是导致腐化堕落的重要因素。因此,党员干部要洁身自好、积极向上,摒弃不良情感,追逐积极健康的生活情趣;严于律己、持身守正,坚决抵制奢侈享乐,杜绝低俗无用的社交活动,主动追求清简生活、结交磊落朋友、培养高雅情趣,将情感寄托在积极健康的生活方式与精神活动中,以纯正优良的作风滋养精神境界。

---※---

宋代罗大经在《鹤林玉露》中记载了一个人因自身不正、授人以柄,最后前途尽毁的故事。

南宋绍兴年间,广东经略使、广州知府王铁在辖地范围

第五章 正确处理感情，消灭腐败萌芽

内大肆搜刮百姓。他是秦桧的表兄弟，出身官宦世家。朝中有大臣弹劾王铁，朝廷便让韩璜负责督察此事。

王铁听闻朝中派人调查，十分惶恐，寝食难安。他的小妾见状便问缘由，王铁如实相告。小妾叫王铁不必担心。原来，小妾曾是钱塘名妓，与韩璜是旧相识，深知韩璜的秉性喜好。她告诉王铁，韩璜贪酒好色，只要投其所好，一切尽在掌握之中。王铁大喜，忙与小妾谋划了一番，提前作好了准备。

韩璜抵达广州时，王铁已早早出城相迎，可韩璜对他不冷不热。次日，王铁又去拜见韩璜，还请他去自家别馆。起初韩璜拒绝，但在王铁的一再相邀下，只好答应前往。到了别馆，韩璜先是听到伎乐，后又看到舞伎，当即警觉起来。王铁见状，让舞伎退下，然后让她们装扮成府中侍女，再次到堂上服侍韩璜。

几杯酒下肚后，韩璜不再警觉，心情也放松下来，与王铁推杯换盏。过了一会儿，王铁退出堂内，只留下韩璜一人。此时，帘后传出动人的歌声，唱词正是当初自己在钱塘江上所写。隐约间，韩璜从帘后看到了王铁的小妾。一看是故人，韩璜内心激动万分，要与之见面。想不到小妾却要求韩璜先为他跳舞，才能出来相见。此时的韩璜忘乎所以、本性暴露，叫人拿来舞服，涂脂抹粉，开始跳起舞来，可还没跳几下便摔倒了。

次日，韩璜醒来后，发现身旁有王铁的两名侍姬，不禁心头一震。他急忙让两名侍姬离开，自己也赶紧返程了。

韩璜深知自己有"把柄"在王铁手中，就对王铁的问题敷衍了事，加之秦桧的袒护，王铁一案不了了之。而韩璜酒后失态，放纵无拘的名声却传了出去，最终他被弹劾，丢了官职，身败名裂。

不良情感是官员沉沦堕落的"催化剂",韩璜之所以被王铁轻易拿捏,就是因为迷恋烟花美色,不能把持自我,最终付出了惨痛的代价。可见,抵御不良情感、培养廉洁思想,是每名党员干部为官从政的必修课。

栽种树木,需要正其根、勤修剪,党员干部培养廉洁思想也是如此,要时时加强学习、斧正思想,做到不贪图、不留恋、不奢求,从内心深处消除不良情感的萌芽,真正让清正廉洁永驻心底。

4. 注重养气修身，抵御美色诱惑

本节所说的"气"没有具体形态，是精神境界、道德品质、思想状态的总和，也是个人精神气质与思想境界的显现。唐代张湛在《养生要集》中写道："多思则神殆，多念则志散，多欲则损智，多事则形疲。"强调要寡言少思、清心节欲，才能达到养气修身的效果。

人间世事，气象万千，诱惑重重，如果随波逐流，只会让自己越来越失去理性，身陷低级趣味。在诸多诱惑中，美色最是令人防不胜防。面对美色诱惑，如何节欲养气，关乎着党员干部的个人修养。

色是"刮骨刀"，过度沉溺于美色之中，只会让党员干部丧失锐气、志气，变得贪图享乐、不思进取，继而走上贪污腐败的道路。因此，党员干部"拒色"先要"养气"。胸怀大志、激荡"志"气，方能缔造辉煌事业；节制欲望、涵养"静"气，方能有所成就。所以，党员干部要争做有思想、怀远志、讲规矩、重廉洁的优秀骨干，不断"养气"，自然而然地就能达到"拒色"的目的。

首先，党员干部要踔厉奋进、笃行不怠，善于修炼"为国为民、求真求实"的志气。"志，气之帅也"，只有树立了远大理想、确定了人生方向，自然会为之奋斗终身。志气如甲胄，能够帮助党员干部抵御各式各样的诱惑，做到远离美色、坚定信念、牢记使命。

其次，党员干部要清心寡欲、节制欲望，善于修炼"淡泊名利、宠辱不惊"的静气。古代先贤所追求的"心如止水"，便是修养的最高境界，面对任何事情都能平心静气、不浮不躁，自然不会为外物所动摇，更不会被美色所诱惑。

归根结底，党员干部只有修身养气，淡定从容，面对美色诱惑做到心神不移、平心静气，同时耐得住寂寞、忍受清苦，不为美色所困、不为欲望所累、不存非分之想，才能保持政治定力和思想定力。

------※------

> 夏某本是人人称道的清廉干部，但因为沉迷美色，迅速堕落，成了自己曾经最为痛恨的负面典型。
>
> 在一次宴会上，夏某结识了气质出众、模样出挑的某公司女主管，从此身陷美色之中，不能自拔。企业老板抓住了夏某的"软肋"，便通过美人计让夏某"上套咬钩"，为自己的企业成功拿下了一批工程项目。
>
> 随着底线被攻破，夏某行事越发放开了手脚，对企业老板送来的"分红"也是毫不客气地笑纳，甚至是在美人的诱惑下迷恋上了赌博，数次挪用公款充当赌资，最终因为账目无法对上而暴露。

------※------

清廉的干部倒在美色的诱惑下，不得不让人惋惜，究其原因，还是党员干部自己的修行不够、意志不坚。夏某不能抵御美色诱惑、自甘沉沦，事后更是没有及时补救，让这个"弱点"不断膨胀，最终走上了违法犯罪的不归路。

党员干部应当注重修身养气，主动追寻高尚的道德情操，自觉抵御形形色色的诱惑。夏某的案例告诉我们，品行不修、党性不纯，自然会受到惩罚。党员干部无论何时都应牢记身份、注重自持，不断修炼清正廉洁、艰苦朴素的正气；自强不息、持续奋进的志气，安于平淡、归于俭朴的静气，主动克制内心躁动不安的欲望，不断剪除思想上的杂念，做到意志坚定、思想纯正、境界高远。

------※------

> 某市直机关党员干部黄洁深受群众爱戴，他以身作则，

廉洁奉公,是大家公认的楷模。某一天,一名商人打算通过不正当手段谋取项目合作机会,他知道黄洁为人正直,直接送财物不会接受,因而采用"糖衣炮弹"策略,特意安排了一场看似普通的商务晚宴,并邀请了数位年轻貌美的女士作陪。

黄洁按时到场,他本以为是正常的商务洽谈,而且他也希望为当地招商,可看到屋内穿着暴露的几名年轻女子,他马上提高警觉,意识到晚宴背后的不寻常。而后黄洁以公务繁忙为由,婉拒了该商人的进一步邀请,并言辞恳切地表明了自己的立场:"作为一名党员干部,我深知手中的权力来自人民,我必须用它来为人民服务,而不是让它成为满足个人私欲的工具,清正廉洁、勤政为民是我的追求和底线。"

该商人十分尴尬,事后虽然几次三番邀请黄洁,言明绝不会掺杂利益关系,黄洁也敬而远之。同时,黄洁还向组织反映了这一情况,建议加强对党员干部的廉政教育,并提醒同事们在复杂多变的社会环境中,更要坚守初心、牢记使命,共同营造风清气正的政治生态。

※

党员干部应知,贪色必然贪腐,这是规律,不少党员干部在谋事的过程中抵不住诱惑,踩进圈套,付出了沉重的代价。这也告诉世人,要清醒地认识美色,看透美色是诱饵、是圈套、是陷阱的本质。自觉加强道德修炼,注重心性修养,在美色面前多思国家责任、多思父母家庭、多思自我前途,做到思想清醒、意志清明,始终保持不沾尘埃的纯洁初心,踏实做好为民谋利的本职工作。

5. 纵有夫妻责任，公私亦要分明

夫妻关系是人际关系中最为复杂的一种关系，若是再将公权力掺杂其中，复杂程度更是难以言表。在亲情与公正面前，党员干部如何作出判断？在夫妻关系与公共职务面前，党员干部应当扮演什么样的角色？党员干部又要如何平衡好公与私的关系？这些都是不容忽视的现实问题。

在现实生活中，不乏党员干部因自身情感原因，选择利用手中权力为配偶谋取福利、疏通关系。这样的行为严重违背了党纪国法、背离了共产党人的信念原则。党之所以能够基业长青，之所以能够得到人民群众的认可与拥护，就是因为始终坚持以人民群众的利益为重。

配偶对党员干部个人而言，关系密切、命运一体；在公权力面前，却与普通群众毫无分别，并不享有优于人民的特权。家是最小国，国是千万家，无论是国还是家，只有立规矩、守准则、严纪律，做到公私分明、先公后私，才能让人民群众信服、让权力畅通无阻地行使。

古人云："道自微而生，祸自微而成。"党员干部要时刻保持头脑清醒、站稳政治立场，慎微笃行，先公后私，杜绝"微腐败"。一方面，在人情往来、人际交往方面要严明规矩、讲清原则，坚守"公"的原则，做到"夫妻同心"，对于超规格的礼品，不论是夫妻的任何一方都要坚决拒收；另一方面，在行使权力、福利待遇方面要遵守规范、恪守纪律，划清"私"的界限，坚持"公私分明"，不能为配偶开后门、递条子、打招呼。清正廉洁、公私分明，是共产党员的从政本色，也是自

第五章 正确处理感情，消灭腐败萌芽

律规范。

张某是某市原副市长，因为利用职权为自己的配偶谋取福利而受到处分。

在担任地方领导时，张某利用职权为妻子在当地一家事业单位谋取了轻松的职务。而后随着张某职务的升迁，妻子的工作也发生变动，个人档案被调到张某工作所在地，工资关系也随之挂靠在新单位。

可实际上，张某的妻子并没有去新单位任职，仅仅办理了简单的挂靠关系，登记了入职信息。单位的领导知道背后的缘由，对这一情况采取了"睁一只眼闭一只眼"的默许方式，每个月都将工资打入张某妻子的账户。

对于这笔凭空而来的工资，张某的妻子并没有拒绝，张某也没有让妻子"辞去工作"，就这样，张某妻子"吃空饷"的情况持续了数年，才被知情人举报。

爱护家庭、爱护配偶理所应当，但若为了配偶罔顾法纪，这份情感就变了味、失了真。党员干部要坚持处事公正、办事公道，这样才能得到人民群众的认可和支持。在管理家庭、约束配偶的过程中，要立起"公私分明"的准则，牢固守好党的纪律规范，审慎、正确对待夫妻关系，不能将个人的情感混淆在公务事项里，否则只能作茧自缚、玩火自焚。

徐远征在某市担任重要职务，他在当地的干部群体中有口皆碑，是党员干部学习的楷模，特别是他对配偶的严格约束和对家庭廉洁建设的重视，更为人津津乐道。

徐远征深知，身为党员干部，自己的言行举止不仅代表个人，更关乎党和政府的形象。因此，他始终将家风建设放在首位，对妻子也提出了明确的要求：不得利用自己的职务影响谋取不正当利益，无论是在工作还是生活中，都要保持清正廉洁；厘清公与私的界限，绝不以私废公。

一次，徐远征妻子在参加社区活动时，得知有一项政府补贴项目，她便偷偷去找徐某，说不妨稍微动用一下关系，这样就可以轻松获得补贴了。徐远征一听，当即变了脸，表示作为党员干部的家属绝不能贪占公家便宜，不能知法犯法，要把名额留给真正需要的人。妻子被徐远征说得脸一阵红一阵白。

此后，徐远征妻子在社区活动中表现得更积极，还多次自掏腰包补贴个别活动，周围人都对她赞赏不已。徐远征也十分欣慰，并鼓励她在社区中继续发挥正能量，用自己的实际行动影响身边人。

※--------------------------------

生活中，有些党员干部在管理配偶方面没能尽到职责，或是为配偶及其亲人谋取福利，或是纵容配偶收取贿赂，甚至主动为配偶遮掩，严重损害了党员干部的廉洁形象，必将引发严重的后果。

管理约束配偶也是党员干部廉洁从政的要求，党员干部要正视夫妻间的情感、厘清公私间界限，让家事止步于家庭，让权力运用于正途，真正做到公私分明、廉洁自律，这既是自我的责任与担当，也是对配偶及家庭的保护。

第六章
对外谨慎交友，打造廉洁社交

党员干部的交友不是私事、小事，而是影响廉洁品质和党性修养的大事。结交品行不正的朋友，涉足低级圈子，会损害党员干部的心性修养，进而导致廉洁防线失守，引发腐败问题，正所谓"与善人交，如入芝兰之室；与恶人交，如入鲍鱼之肆"。在新时代，党员干部必须守住交友关，交友务必有原则、讲规矩，做到廉洁交友、择善交友，让人际关系变得清清爽爽、干干净净。

第六章　对外谨慎交友，打造廉洁社交

1. 恪守交友原则，树立廉洁文化风向标

"物以类聚，人以群分。"有着相同秉性的人总能够找到契合点，在相处过程中彼此会比较自然、舒适。放到交友方面，很多人也会将自己的价值喜好与个性特点作为择友标准，以此来选择秉性相近的朋友。

对普通人而言，交友可以顺其自然，但对党员干部来说，交友关系到自身的廉洁品质，所以在交友与择友方面必须慎之又慎，主动结交道德高尚、品行端正的良师益友，拒绝酒肉朋友。

每个人的道德修养在很大程度上会受到周边环境的影响，朋友作为人际交往重要组成部分，有着不容忽视的作用。个别党员干部沉溺于吃喝享乐，结交的朋友也都是酒肉朋友，久而久之，他们就被酒色财气迷住了心窍，为享乐奢侈的风气所裹挟，不可避免地走向违法乱纪的深渊。

朋友交往，贵在"诚"，重在"同"，在选择朋友的过程中不能将个人的喜好、偏好作为标准，不能只注重吃喝玩乐；要将交友原则融入精神品质方面，追求精神道德层面的契合、理想志向方面的合拍，这样才能相互助益、相互成长，助力自己攀登上全新的精神高度。

我们党历来倡导清清爽爽的同志关系，规规矩矩的上下级关系，即倡导要真诚交往、廉洁交往，杜绝奢侈享乐、阿谀奉承、溜须拍马、利益交织的复杂关系。对于党员干部而言，朋友的选择关系到廉洁形象、思想境界，所以要慎之又慎，始终坚持自己的原则和标准，追求既清又正的朋友关系，才能真正享受到纯粹的朋友情谊，让交友走向正途。

------------------------------------ ❋

  聂少华（化名）是某市辖某镇的一名老党员，终身奉献于教育事业，不断地发挥着自己的光和热。

  因为工作的原因，聂少华了解到很多知识和信息，尤其是大家普遍感兴趣的方针政策、时政要闻等，经常有村民来问询，聂少华也乐意与大家交朋友。为众人解决问题的习惯被聂少华延续了下来。直到现在，他家门口依然是很多上了年纪的老朋友的聚集地，大家谈生活、话政策，其乐融融。

  在交友方面，聂少华向来不问身份、年龄，在担任教师时就经常与前来实习的青年教师交朋友，相互学习探讨，汲取先进的教学思想。退休后也喜欢与年轻党员干部打交道，了解新思想、新事物。

❋ ------------------------------------

  对广大党员干部而言，交友必须坚守原则，保持干干净净的社交圈子，追求纯正清爽的友谊，要像聂少华那样，从不为所谓的"名利"结交他人，而是做到平等待人、以诚交往，真正让交友成为一种舒适的生活方式。这也给广大党员干部以启示：在交友过程中，要保持本心、追求纯粹的友谊。

  党员干部在交友上应遵循"三要""三不"原则。

  "三要"即动机要纯、对象要准、方式要正。

  动机要纯。党员干部在交友时，要以提升自己为目标，从友人身上获取新信息、学习新知识、增长新才干；同时要在交往中着眼于推动自我发展、促进和谐工作；此外，多结交坦诚相待、敢于直言的朋友，多听忠言、少听奉承话。

  对象要准。结交朋友当"宜穷不宜富"，富人朋友较易令人滋生虚荣心、贪慕心，从而引发内心躁动；当然，凡事无绝对，但党员干部要主动远离容易滋生腐败的诱因，以永葆廉洁本色；同时，要远离无事献殷勤者，以及赚钱少却大手大脚的人，他们很可能带着不纯的目的与党员干部交往，继而在党员干部走上腐败之路上推波助澜。

方式要正。党员干部在交友上要秉持"君子之交淡如水"的原则，切勿沉溺于花天酒地的生活方式中，一旦与酒肉朋友结交，很快就会滑入腐败泥沼；交友时要光明正大，要自觉增强交往透明度，凡事摆在明面上；还要注意"凡结交，必提防"，从源头上掐灭别有用心者的"围猎"火苗。时刻保持清醒的头脑，认清交往者的真实目的，在交往中坚持强党性、讲原则、守纪律。

"三不"即不与喜好奉承者交往、不与身份不明的"阔佬"交往、不与好吃懒做者交往。

不与喜好奉承者交往。阿谀奉承者，大多品行不端，好歪曲事实，可能会对党员干部的个人名誉产生不良影响，对仕途发展产生巨大阻力，所以必须远离这类恶友。

不与身份不明的"阔佬"交往。有些人出手十分阔绰，这很容易俘获一些意志不坚定的党员干部的心。殊不知，这些"有钱人"大多是冲着党员干部手中的权力而来，若事先不知对方"底细"，很可能会成为笼中之鸟，任人摆布。所以，一旦有"阔佬"主动结交，许诺高额回报，务必要慎之又慎。

不与好吃懒做者结交。这类人不务正业，游手好闲，时刻盯着党员干部手中的权力，设法为自己谋取利益，一旦与党员干部达到"称兄道弟"的程度，他们便会露出本性，令党员干部措手不及。

人之相知，贵在知心。交友要交知心朋友，毕竟选择什么样的朋友，在一定程度上影响自己的人生。如果结交光明磊落、作风正派的良友，就能相互助益、彼此互助，生活也会变得美好；如果结交的是行为卑劣、情趣低俗的恶友，难免会被影响乃至受到牵连。

2. 友直、友谅、友多闻，益矣

《论语》中提到，"友直，友谅，友多闻，益矣"。与益友相伴，往往能够取材不断、催人奋进。党员干部要注意，作为公权力的行使者，在日常生活中会遇到形形色色的人，所以必须牢固树立文明健康的交友观，做到从善而交、择廉而交，这样才有益于个人成长。

"直"就是正直、刚正。"君子坦荡荡，小人长戚戚"，正直的朋友有着清晰的决断力，对于人生有明确规划，对于事物有科学认识，与他们的交往不仅可以获得积极正面的情绪体验，还可以裨补缺漏。听取这类朋友对自己的客观评价，"择其善而从之"，便能不断完善自我、提升自我。

"谅"就是真诚、坦荡。朋友之道，贵在以诚，与朋友交往就是要坦诚相待、诚实无欺，如此友谊才能长远。在现实生活中，有些人结交的朋友表面看似热络，实则暗藏心机，他们的接近都是有意为之，别有所求。因此，党员干部交友要多选择真诚坦荡的磊落君子，做到不相欺、不相瞒，只有在互信互知的基础上交往，才能做到推心置腹、共学共进。

朋友的选择也关系党员干部的廉洁形象，因而务必广交益友、乐交信友，做到"与朋友交，言而有信"，这样才能营造纯洁的社交圈，益己益人。

"多闻"就是博学多才、明事知理。"事其大夫之贤者，友其士之仁者"，交友也是一种提升自我的方式，达到"以友辅仁"的目标，所以要与"多闻"的朋友交往,有助于斧正思想、观念与认识。"多闻"之友的思想有着极大的感染力和引导力,与自持自省、明辨是非的人交往,党员干部的思想境界也会随之提升,人生道路也会越发顺畅;若是与不辨是非、自私自利的人交往,久而久之,党员干部的思想也会变得狭隘。

古人云,"砥砺岂必多,一璧胜万珉",交友正是如此,良友让人受益终身。

王云杰,曾任某市人大常委会副主任,他与邵志林于1972年在军营相识,此后在数十年的朝夕相处中结下了深厚的友谊。

初入军营时的王云杰懵懵懂懂,邵志林是个外冷内热的人,对于新人总会严厉地指出问题,但往往有问必答、很有耐心。就这样,在邵志林的"苛责"下,王云杰逐渐适应了新环境、新生活,历练出军人严谨干练的作风。

邵志林还是个多才多艺的人,会带着王云杰一起运动、下棋,传授给他书法。在这位老领导身上,王云杰学到了一丝不苟、精益求精的精神,他的人生因此获益良多。

直到退伍转业后,两人依旧密切往来,将这段友谊延续了终生。两人时常通信、打电话,在精神上相互勉励。随着时间的流逝,年华老去,两位老人已经过了花甲之年,但彼此的友谊依然纯粹如初。

王云杰和邵志林两位老同志在精神上相互支持、在品行上相互学习、在人生道路上相互勉励,向我们展现了真正的朋友相处之道。

"一生之成败,皆关乎朋友之贤否,不可不慎也",朋友的选择直接关系党员干部的清廉品质,影响党员干部的道德修养。在交友的过程中,党员干部要择"善"而交,要广交心胸坦荡的"贤友"、敢于直言的"诤友"、博闻多识的"益友",在与朋友的相互切磋、共同学习中砥砺自我、升华品格。

择友、交友是每个人都要经历的事情,如何选到真诚可交的朋友、如何与正直敢言的朋友相处,考验的是一个人的眼力和心胸,在这方面王云杰与邵志林给我们上了生动的一课。

------------------------------※

孙膑与庞涓是同窗好友,二人同在鬼谷子门下学艺,感情深厚。孙膑十分聪明,且勤奋好学,鬼谷子很喜欢他。

后来,魏王发布求贤榜,许以优厚的待遇,庞涓知道后辞别了老师和孙膑,下山去找魏王。孙膑则不为所动,仍然留下钻研兵法。临走时,庞涓对孙膑说:"倘若魏王重用我,我得以建功立业,一定会把你推荐给魏王,到时我们两兄弟齐心协力辅助魏王,共享富贵!"

庞涓见到魏王后,充分展示了自己的才学,对率军打仗、内外邦交等方面提出了自己的见解,魏王十分满意,让庞涓担任魏军的统帅。后来的几次战役,庞涓立下大功,魏王更加信任他了。

在山上学艺的孙膑,又经过几年的钻研,对兵法愈加精通,鬼谷子也将自己不曾传授给他人的兵法十三篇传给孙膑。之后孙膑也准备下山一展所学,做出一番事业。临行前,他想起庞涓的话,便打算去投奔。鬼谷子告诫孙膑,要警惕庞涓,因为他心胸狭窄,不可与之深交。孙膑却不以为意,他觉得自己很了解庞涓,且有深厚的同窗情谊。

两人相见后,庞涓表面上对孙膑十分热情,内心却满是嫉妒。他知道孙膑比自己聪明,而且在山上跟着老师多学了几年,才能早已超过自己,所以十分担心他会取代自己在魏王心中的地位。因此,庞涓便私底下在魏王面前说孙膑不会在魏国常驻,其志在齐国,而且其才能在他之上,若齐国得到他,魏国必将受到威胁。

魏王不辨真假，听信了庞涓的话，找了个理由将孙膑处以"膑刑"，并关押起来。这期间，庞涓还多次假意照看，更蒙骗孙膑默写出老师教授的"兵法"。后来，孙膑从家丁口中得知真相，看清了庞涓的真面目。最终，孙膑依靠平生所学，使庞涓中箭命丧马陵道，也算"大仇得报"。只是，他因交上恶友而造成的伤害，终其一生也难以抚平。

※------

人生漫漫，每个人都会遇到各种各样的人，但是真正能够推心置腹的朋友少之又少。孙膑本以为同窗好友的庞涓会真心、诚心与自己共创大业，却不想庞涓是个私欲过重的卑鄙小人，由此惨遭毒手。因而，交友时务必擦亮双眼，避免被虚假的情感蒙蔽。

新时代党员干部在交友上更要小心谨慎，看清交往对象，谨防对方因身份地位的变化而使友谊变质，从而遭到背叛。要多交益友、良友，这样才能从交友中受到积极的影响。

3. 广交朋友，但不可逢人称友

树立正确的交友观是党员干部的必修课。党员干部因工作原因，在学习培训、商务交流、考察调研、工作接待等一系列活动中，不可避免地会与很多人交往。不少党员干部本着拓展人脉的目的，或者本身不拘小节的性格，很容易与他人以朋友相称。

但值得警惕的是，个别党员干部就是因为来者不拒、不加甄别、大肆交友，看似长袖善舞，实则埋下祸根。因为在这些交往的人中，可能掺杂不少损友、恶友，个别党员干部就是在与这样的朋友来往中为人情所累，走上违规违纪的歧路，被居心叵测的"朋友"引上贪腐之途，终而引火烧身。

所以说，交往要有界限、讲尺度。党员干部在交友的过程中，切忌把"广交朋友"视为"逢人称友"，而是要仔细甄别、认真筛选，多交益友、少交损友，坚守正确的交友之道、交友准则，以此才能打造干干净净、清清爽爽的社交圈子。

古语云："相识满天下，知心能几人。"当面称朋道友、逢场作戏，是很多人熟悉的"社交法则"，真正能够托心交付、相互助益的朋友却寥寥无几。

广大党员干部要怀有相互学习、共同进步的目标，广泛交友、多交益友，尤其是结交能说心里话的好朋友。结交的益友越多，见识才能越广，党员干部的思想境界与眼界格局才能随之开阔。

譬如有的朋友善于自律、能够自查，党员干部就可以从他们身上学

第六章 对外谨慎交友，打造廉洁社交

到严于律己的品质；有的朋友善于观察、思想深刻，在与这类朋友的交往中，党员干部就可以逐步提升分析力与判断力，诸如此类的良友、益友，自然是多多益善、来者不拒。

同时，党员干部在思想上要有"鉴别力"，必要的人际交往虽必不可少，但是要保持思想清醒，把握交友尺度，不能不分黑白地"来者不拒"，要注意政治立场，做到严格交友、慎重交友。

交友虽是平常事，但也关系到党员干部的廉洁形象、影响党员干部的道德品质。在交友中，可以忽视身份、阶层、领域等，但在原则上不能有丝毫松懈与妥协，必须时刻保持警惕，精准把握尺度，既要有结交四海英杰的豪气，也要有"识人之明"，不失原则、不破底线。

------------------------※

孟某是某市原市长，生性豪爽，不拘小节，爱交朋友。因为平时结交的朋友多，逢年过节办公室和家里都很"热闹"。

好面子的孟某对于"朋友"的诸多请求，往往舍不下脸面拒绝，很多小的事情打声招呼就给办了。而随着这类事情越来越多，问题的性质也发生了变化，比如拿下项目、解除查封、透露内幕，等等。就这样，孟某被牵着鼻子拽进了泥坑。

这些朋友也很"讲究"，求人帮忙自然不会空手上门，以各种昂贵的礼物当作谢礼，孟某也是笑呵呵地一一收下。后被知情人举报，孟某钱权交易的事情被揭露。经审查，经孟某打招呼的不少工程项目都存在严重的质量问题，大额的工程款都被瓜分。

※------------------------

广交朋友、笑迎八方客，这是不少人奉行的生存法则，但是很多人结交了不怀好意的损友，导致自己大受负面影响，甚至身败名裂。案例中的孟某，爱慕虚荣、缺乏警惕意识，被投机分子乘虚而入，最终也栽倒在这些所谓的朋友上，无疑是咎由自取。因此，广大党员干部在交友

· 119 ·

过程中，要慎重交往、看穿本质，不断提升自己的"识别力"，对于居心叵测者要敬而远之，对于坦诚相待者要亲之善之。既要注重人际交往、扩大社交圈子，也要慎重择友、审慎甄别。

------------------------※

　　战国时期，素有蓄养门客的风气，其中最为出名的莫过于"战国四公子"，而"廉颇客"这一典故同样给人留下了深刻印象。

　　凭借着显赫的战功，廉颇在赵国被拜为上卿，门下更有诸多依附者。而廉颇生性豪爽，对前来投献的门客从不拒绝，更会以美酒佳肴款待，一时间豪客云集，颇有声势。

　　在廉颇得势的时候，门客络绎不绝。但随着新君王登位，廉颇遭到排挤，不受重用，诸多门客则瞅准时机，纷纷作鸟兽散。然而，长平之战后，廉颇再次被起用，他整顿军队、固守防御，再次获得君王的信任，重新得势。

　　这时，曾经散去的门客纷纷重新归来，想要再次依附。对此，性格刚直的廉颇怒不可遏，直接将门客驱散。

※------------------------

"以势交者，势倾则绝；以利交者，利穷则散。"交往之道便是如此，这个故事告诉我们：很多看似热络的朋友实则是奔着权势利益而来，当你提供不了他们所需要的价值后，就会被弃如敝履。

生活中，个别党员干部迷醉在"众星捧月"中，为自己一时的得势而沾沾自喜，实则是看不清、看不破。重视交往、重视友谊，是中华民族的传统美德，但在交往之时若不加甄别、没有标准，只会为虚假的友谊所欺骗，白白耗费时间和精力。因此，党员干部在交友的过程中要有界限、讲尺度，保持清醒、提高警惕、坚守底线，做到慎初慎微，主动控制交往的范围和分寸，将别有用心者摒除在外，对奔着权势而来的人要"硬起心肠"，在交往上做到当断则断。

第六章 对外谨慎交友，打造廉洁社交

4. 朋友者，君子之交为上、小人之交远之

"盖趋炎附势，自古然矣。"这句话出自宋代陈善的《扪虱新话·趋炎附势自古而然》，是对世情风气的慨叹。正所谓树大好乘凉，人人都有着趋利避害的本性，这也是人的本能。表现在人际交往方面，就会呈现出趋炎附势、捧高踩低的乱象。

在觥筹交错的宴会上，处在中心位置的永远是强者。当你春风得意时，身边的人都对你笑颜相待，更不乏称兄道弟之辈。个别党员干部就是在这样的奉承之下开始"飘飘然"、忘乎所以，变得思想松懈、信仰动摇，进而原则丢失。

朱子《治家格言》写道："见富贵而生谄容者，最可耻；遇贫穷而作骄态者，贱莫甚。"这样的人以财富权势作为交友的准则，遇到有权有势者就百般讨好、毫无底线，而遇到财富权势不如自己的人，则不屑一顾。他们不讲信义，毫无原则，宛如变色龙。因此，党员干部必须提高警惕、擦亮双眼。一旦与这些人扯上关系，被他们逮到机会便会狐假虎威，利用你的职权为自己谋利。试问，在这样的环境下，党员干部又如何能够守住初心呢？

"近朱者赤，近墨者黑"，交正直的朋友，如同多了一面可以"正衣冠"的镜子，能够时时照见得失、规劝言行，让党员干部在关键时刻不迷茫。党员干部更要有"识人之明""容人之度"，与正直敢言的朋友结交，因为这样的朋友往往毫不避讳、能够直接指出过失，言语虽然刺耳但有益成长；还要远离甜言蜜语、接纳金玉良言，多听、广纳、深思、能改，

在与益友、挚友的交往中自我检视、自我修正，做到"闻过能改"。

李某与张某是高中同学，大学毕业后，李某成功考入家乡的住建局，张某得知这个消息后，就主动上门请客吃饭，以示庆祝。

几年后，李某得到提拔，可以接触到项目的审批。而这时，张某也返回家乡发展，并入职建筑企业。因为工作上要仰仗李某，张某对这个朋友更加热心，不仅时常走动，在能够帮得上手的地方更是不遗余力。

李某对张某的殷勤大为感动，以为是真心朋友，便与之掏心掏肺。而张某则借着好朋友的这条线，不时打听内部消息。李某觉得好友打听的并不是什么机密事情，再加上对朋友的信任，也没有过度保密，时常在闲聊时不经意地透露些许，但这已经使张某受用不已。

李某升职部门主任后，恰逢张某的公司和别家企业竞争某个城投项目，老板知道张某有一条"捷径"，就让他去探探口风，并许诺给予高管的职务。张某心动不已，开始对李某旁敲侧击，后更是以交情请托。李某最终破了规矩，主动透露口风，帮助张某的公司在竞争中胜出。

事后不久，这件事被揭露，李某因为违法违纪被予以严肃批评，并且被安排到基层岗位，这令他后悔不已，想要去找张某讨个说法。此时已经成为高管的张某，对于这个没有太大利用价值的朋友顿时变了脸，话里话外透露着疏远。此后，两人的关系彻底破裂。

生活中，不乏张某这种趋炎附势、别有用心的人，以"交情"为幌子，在有所求时，自然是百般讨好、阿谀奉承，而一旦价值消失，就立即翻脸不认人。

第六章 对外谨慎交友，打造廉洁社交

党员干部身份特殊、手中握权，能够分配资源，所以容易成为"猎物"，往往在不知不觉间就会被投机分子利用。因此在交友过程中，要坚守原则、恪守规矩，做到头脑清醒、严以自律：第一，要增强纪律意识，面对不正当的请求，不管交情多深、关系多厚，都不能触碰党纪国法，都不能逾越政治底线；第二，要廉洁交友、择善交友，不要为各类"奉承话"所迷惑，不追求"众星捧月"的虚妄感，划清正直与奸佞的界限，做到慧眼识友、真诚交友。

薛仁贵是唐代著名武将，一生东征西讨，战功赫赫，留下许多传闻和故事，其中有一段关于"君子之交淡如水"的趣事。

在未参军前，薛仁贵家境贫寒、衣食无着，常栖居于窑洞，周围人都对这个落魄者敬而远之，只有宅心仁厚的王茂生夫妇经常接济他，这让薛仁贵感激在心。

不久之后，薛仁贵报名参加东征大军，并在征伐辽东的战役中扬名，凭借着显赫的军功被封爵赐金，并特旨荣归故里。薛仁贵回到家乡后，当地前来祝贺的官员络绎不绝，更是献上了厚礼。

作为"贫寒之交"，王茂生夫妇也被请来，但因为没有钱筹备贵重的礼物，王茂生只好盛装两坛子清水用作祝贺。面对纷纷上门的官员以及豪奢珍贵的礼物，薛仁贵推辞不受，唯一接纳的就是王茂生夫妇的清水，并当众饮下三大碗，向众人解释了其中的深意："我与王大哥是患难之交，全靠他的接济才有了今天的显赫。王大哥不慕名利，若不是我数次相请，并不会登门拜访，如今送我清水，就是希望我勿要忘记当初的志向，不要沉溺美色美酒，这就是君子之交淡如水。"

"君子之交淡如水"，君子间的朋友关系应如同清水一样，味道虽

淡却久远。真正的交情是坦诚相待、以心结交,这种友谊也是最为牢固、最为长远的。正如王茂生夫妇与薛仁贵,薛仁贵落难时,王茂生夫妇扶危济困;薛仁贵腾达时,王茂生无所欲求,这种清清正正、不谄不媚的相处方式才真正诠释了"朋友"二字的内涵。

朋友相交,贵之以诚,因名利富贵而结交的朋友往往不可信、不牢固,几次风波之后就会消失得无影无踪。真正的朋友应真诚坦荡、不偏不倚,不因身份地位而改变态度,不因距离远近而改变交情,这类朋友才是党员干部所要深交的"真朋友"。

5. 不与酒肉朋友交往，干干净净方得始终

古人云："与邪佞人交，如雪入墨池，虽融为水，其色愈污。"强调的是交友的重要性，交上不好的朋友，就如同雪入墨池，不觉间就会沾染上不良习惯，进而影响自己的纯洁品性。

与酒肉朋友交往是党员干部堕落腐化的"推进器"，个别意志不坚定的党员干部就是在这样的人情拉扯下，被动地参加各类宴会，吃喝高端酒菜、听取奉承话语，进而滋生更多的贪欲，最终被"拉下马"，葬送了自己的前途。

曹操在《短歌行》中写道："我有嘉宾，鼓瑟吹笙。"这里的嘉宾，可以理解为志同道合的朋友。选择朋友，人生理想的契合与道德品性的认同远比简单地满足口腹欲望更有价值、更有意义。在择友的过程中，党员干部必须擦亮眼睛、保持警惕，与酒肉朋友保持距离，自觉远离"糖衣炮弹"的诱惑、不沾染"酒肉盛宴"，做到非公务不交往、非必要不往来，保持干干净净、清清爽爽的社交圈子，如此才能处理好人际关系，保持党性的纯洁和立场的坚定。

秦某是某机关原干部，因多次违法收受他人财物而被开除党籍，并被移交检察机关依法审查起诉。

"交友不慎"是秦某堕落腐化的主要原因。在入职之初，秦某尚且办事勤勉、积极上进，有着年轻干部的蓬勃朝气。但随着时间的推移，繁重而琐碎的工作使得他心生倦怠，也

就是在这种情况下,他结识了肖某。

肖某和秦某同单位,但分属不同的办公室。比起年轻的秦某,肖某算得上是机关里的"老油条"了,浑水摸鱼是一把好手,而且沉溺于吃喝玩乐,日子过得很"舒适"。在肖某的引荐下,秦某开始涉足小众圈子,在棋牌场上找到了新的乐趣。

在众多酒肉朋友的包围下,再加上秦某本身意志不坚定,很快就开始自我放纵。白天聚众打牌玩乐,晚上组饭局、酒局,生活看起来十分"惬意"。当然,这样"潇洒"的生活远不是他本人的工资可以支撑的,很快,众多酒肉朋友开始介绍门路,为他揽"私活"。

这些所谓"私活",就是让秦某利用手中职权为别人走后门。已经被酒色迷得神魂颠倒的秦某,早就将党的纪律抛诸脑后,肆无忌惮地开始揽活。从最开始的贩卖消息、打招呼,到最后利用职权违规干预和插手工程项目招投标,秦某获得的回报越来越高,而在背离组织的路上也越来越远。

直到2022年,秦某酒肉圈子里的一名"好朋友"落网,秦某也因此被调查。经查实,发现其在数年内利用职权多次干预工程事项,且违规收受礼品礼金,总数额达300余万元。

案例中的秦某,因为不耐寂寞、缺乏警惕,结识了"酒肉朋友",并在不知不觉间沉溺享受、丧失底线,成为在温水中死去的青蛙。这无疑给广大党员干部以警示:在交友过程中,要牢固树立健康文明的交往观,多交光明磊落、清风正气的朋友,远离酒色诱惑、杜绝享乐奢侈,要抵住诱惑、克服寂寞,不结交品性败坏、习性不良的"恶友",否则只会影响自身的廉洁品质、拉低自我的道德修养,更有可能被拽入"泥塘"。

第六章 对外谨慎交友，打造廉洁社交

"亲附善友，如雾露中行，虽不湿衣，时时有润"，是说交朋友要简简单单、干干净净，多交有益的朋友、远离低俗的朋友。古代士大夫在择友方面也有自己的标准，并留下许多脍炙人口的故事。

贺知章是唐代著名诗人，他生性豪放、不拘小节，而且热衷交友，所结识的都是品行端正、才华横溢者。他与李白更是相知相惜的忘年知己。贺知章看过李白的诗篇，大为赞赏，并与李白结为好友，时常喝酒谈诗、交流文学。

北宋时期也流行以文会友的雅事，士大夫之间的交往多以诗词为主，纵谈古今，妙趣横生。其中苏东坡与司马光就曾在席间品茗时相会，并各自赋诗词，苏东坡略占上风。司马光当即打趣道："茶欲白，墨欲黑；茶欲重，墨欲轻；茶欲新，墨欲陈。君何以同爱二物？"苏东坡则言："奇茶妙墨俱香，公以为然否？"两人对视而笑，畅叙旧情。

"以文会友"，既是美事，也是雅事。相比沉溺酒肉、追求美色，这种相互切磋、共修文学的交友方式更有着淡雅从容、清正雅致的意趣，更容易结交到光明磊落、品性高洁的朋友。最好的友谊是性情上相投、精神上共鸣，如同钟子期与俞伯牙的"知音之交"。党员干部要主动净化社交圈子，择善交友、择廉交友，多结交有着高雅情趣的朋友，远离只会吃喝玩乐的酒肉朋友，只有这样，才能通过交友源源不断地汲取智慧和力量，从而提升自我的道德修养与精神境界，成为有着高尚品格和高雅情趣的共产党员。

6. 明确交友原则，稳定社交圈子

《礼记·学记》中云："独学而无友，则孤陋而寡闻。"交友，能够开阔视野、丰富认知，对个人的成长大有助益。

人生需要良师益友，但我们结交的朋友并非都对自身有益，低俗的人际交往只会空耗时间，不良的圈子更会腐蚀人心、诱人犯罪。事实一再证明，一部分党员干部的沉沦堕落，就是因为交友不慎、择友不慎，才被居心叵测的"朋友"利用、被夸夸其谈的"朋友"欺骗、被沉溺享乐的"朋友"引诱，进而走上歧途。

财不妄取，友不滥交，朋友的交往不能以权势财富为标准，否则只能得到阿谀奉承、趋炎附势的"损友"。如果想要交益友，就要从择友标准和交友原则上把关，做到严格标准、坚定原则，这样才能让优秀的朋友"络绎不绝"。

首先，党员干部要树立正确的交友观。不搞人身依附、不求富贵前途、不因私废公，只有厘清"公"与"私"的关系，做到坦坦荡荡、清清白白，才能让正直诚信的益友愿意与你交往。其次，谋求理想价值的契合。选择朋友重要的一个标准便是"志同道合"，有着相同的理想、相同的目标，才能相互切磋、共同进步。最后，要"择其善者"而交之。既要以诤友挚友之心待人，也要以德会友，注重朋友的品行修养，多与诚实正直的朋友交心、多与博闻广识的朋友交谈，善于学习朋友的优点长处、能够听从朋友的良言劝诫，这样才能真正交到终身受益的良友，营造清正廉洁的生活环境，在从政之路上行稳致远。

第六章 对外谨慎交友，打造廉洁社交

"我把他当朋友，他却把我当冤大头"，这是湖北省某电视台原干部徐某在面对纪律检查人员时所说的话。

因为工作原因，徐某经常与文化公司的人打交道，经常参加各类酒局宴会。在这样的环境中，他结识了以李某为核心的一群损友。

在某次聚会时，徐某运气不好，连输了十几万元，但他的积蓄根本不足以支付。在李某的提醒下，徐某将电视台的拨款拿了出来，本着翻本再还回去的想法继续打牌。然而，他再次大输特输，这时"好朋友"李某也说出真实目的，表示只要徐某帮个忙，就不用付钱了。

原来，李某打算让徐某帮他们拉个工程项目，而负责项目招标的正是徐某的姐夫。无奈之下，徐某只好央求姐夫帮忙，总算是将这件事圆满解决了。但是不久后，姐夫暗箱操作的事情暴露，徐某也被牵扯出来，这才知道原来是"好朋友"李某设下的圈套，但悔之晚矣，他挪用公款的事情已经暴露，等待他的将是法律的严惩。

交友旨在取长补短，所以要多交良友、净友。而在现实生活中，不少党员干部就是因为缺乏判断，错信了他人，才一不小心交到了居心叵测的朋友，就像案例中的徐某一样，最终摔了个大跟头。

因此，广大党员干部要将充实自我作为交友目标，主动远离低俗的社交圈子，寻找志同道合、品行端正的人结交；同时要善于同群众交朋友、同模范交朋友，多多交流、主动请教，将交友视作提升自我境界的方式，如此才能不会因为交友不慎而惹祸上身。

徐勉，南朝梁时期大臣、文学家。徐勉年少时就十分注重个人品德修养，喜欢结交品性高洁者，更有着识人之智。

当时有个叫王融的人，名气很大，才华横溢、乐于交友，深受齐武帝的欣赏，可以说是青年俊彦。

王融很欣赏徐勉，数次主动结交，但都被徐勉巧妙地躲过。旁人很是不解，有人问徐勉为什么故意躲着王融，有这样的朋友不是很好吗？而且王融也很有才华。徐勉则回答道："王融急于求名求位，与我的交友准则不符。"

就这样，徐勉与王融之间没有产生任何交集。不久后，王融利欲熏心，假作诏书，但事情泄露招致杀身之祸。与王融相熟的人因此受到牵连，但徐勉因为早早远离而安然无恙。

后来，徐勉凭借着自己的才华成为吏部尚书，负责管理上上下下的官员升迁事宜。曾经的朋友前来寻求帮助，想要讨官，徐勉都一一拒绝，并主动疏远这些朋友。在官员选拔上，徐勉始终恪守原则，将清廉能干的官员提拔上来，将奸佞无能的庸官贬黜下去。

※ ------------------------------------

徐勉择友的眼光和智慧值得我们学习，正如孔子所言："益者三友，损者三友。"每个人的品性都有好有坏，倘若交到品行不正的朋友，势必会被牵连。

太多的现实案例已经证明，党员干部一旦择友不善，个人仕途将大受影响，轻者名誉受损，重者锒铛入狱。所以说，交友从来都不是小事、私事，而是关系到前途、命运的大事，更是关系到党员干部廉洁形象的要事。党员干部在择友过程中，务必擦亮眼睛，看清世俗、庸碌、功利、丑恶，主动疏远，一不小心结交到这类朋友，会玷污纯洁党性，更会给仕途埋下深深的隐患，不可不慎重。

第七章
对内以身作则,建设廉洁家庭

"要守住亲情关,严格家教家风,既要自己以身作则,又要对亲属子女看得紧一点、管得勤一点",这是新时代全面从严治党的要求。"天下之本在国,国之本在家",家庭是社会的基本细胞,是个人生活的场所,对廉洁品质的培养起着举足轻重的作用。党员干部要深刻认识到打造廉洁家庭的重要性,以身作则、廉洁自律,涵养良好家风,倡导俭朴生活,树立规矩意识,切切实实地增强家庭成员廉洁风险防控意识。

1. 环境各异，家庭影响廉洁意识

"家是最小国，国是千万家。"从个人层面来看，家庭是我们的栖居地，对我们个体有着持久而深远的影响；从社会层面分析，家庭是社会的基本单位，不同的家庭环境会产生不同的价值观念与行为方式，对社会也会产生不同的影响。党的十八大以来，中央高度重视党员干部的家庭教育与家风建设，不断塑造艰苦朴素、清正廉洁、爱国奉献的红色家风，这也正是廉洁文化建设的生动实践。

家庭与我们每个人密切关联，影响终身。我们可以把家庭划分为两个范围，其一是从生命初始到成家立业的阶段，这段时期也被称为"原生家庭"；其二是以自己为核心去组建新的家庭，这也意味着一个人开始走向全新的人生阶段。无论是哪段家庭关系，都对党员干部的廉洁品质有着深远影响。

在原生家庭阶段，家庭文化、家庭关系、家庭结构均会对一个人的行为产生影响，譬如有的家庭父母追逐财富，势必会使孩子对金钱产生渴望；而有的父母以身作则，重规矩、讲诚信，孩子则多半会受父母影响清正廉洁、严于律己。这种"被动式"的言传身教、潜移默化的家庭教育对个人的影响是极为深远的。个别党员干部之所以贪婪成性，与父母过于追求金钱不无关系，父母的认知方式会被子女模仿，从而在心中留下深深的烙印。

而在新生家庭阶段，党员干部家庭成员是否廉洁，在一定程度上也代表了党员干部自身的道德品质与廉洁程度。在家庭成员的相互影响下，党员干部自然不可避免地会凸显出其他成员的某些个性。试想，如果党员干部的配偶迷恋奢侈生活，崇尚享乐主义，不时地将党员干部与其他人进行对比，反复叮嘱其要多照顾家人，久而久之，有多少党员干部可以在这种潜移默化的影响下做到心如止水、波澜不惊？

"修身、齐家、治国、平天下"，想要做好人民群众和组织信任的廉洁干部，首先要营造良好的家庭环境，积极履行责任与义务，努力作好表率，遵纪守法、严于律己，形成稳定和睦的家庭关系，进而形成廉洁亲善的家风；同时党员干部要重法度、讲规矩，主动向家庭成员强调纪律要求的重要性，严格约束家庭成员，加强对家庭成员的监督与管理，做好家庭成员的思想教育工作，让家庭成员成为自己廉洁从政的坚强后盾。

党员干部的廉洁程度与家庭环境有着紧密的联系，清正廉洁的家庭环境能够滋养党员干部高尚的道德品质，贤明的家人更起到规劝引导和监督的作用。在廉洁家庭环境的塑造上，很多地区已经开始了生动的实践。

---------------------------------※

开福家风馆坐落在长沙市湘江东岸，这里自然环境优美、人文气息浓厚，还有着隐藏的属性——党员干部廉洁家庭教育基地。

开福家风馆成为党员干部家属进修的重要场地，这里会定期举办廉洁教育宣讲活动，还有固定频率的学习交流活动。从2014年起，开福家风馆陆续举办了"'清廉家庭'助力'北强开福'""纸间传情·潇湘家书开福篇"等主题活动，邀请名家讲师为党员干部及其家属作讲座，组织家风教育主题班、分享会等各类形式的学习宣传活动，营造崇廉尚洁的良好氛围。

开福家风馆还经常联合区妇联、街道党工委等部门单位展开廉洁教育宣传活动，让"廉"的品质传递给更多的党员

第七章 对内以身作则,建设廉洁家庭

干部家属,让清风正气盈满开福区。

※

清正廉洁是中国传统道德的基本规范,既是对党员干部的从政要求,也是维系家庭和谐的内在支撑。廉的精神能够滋润思想、催人奋进,因此营造清正廉洁的正气环境对于党员干部廉洁品质的培育更是大有裨益。正如开福家风馆在党员干部家属廉洁文化宣传教育上的生动实践,能够有力提升党员干部家属的思想品质,营造以廉为荣、以腐为耻的浓厚文化氛围,培育清风正气的家庭环境,对提升党员干部的思想境界与道德品质有极其重要的现实意义。

这种方式值得各地学习借鉴、大力推广,营造廉洁家庭环境是推动廉洁文化建设的重要途径,而如何强化家庭成员的廉洁品质更是关键点。为此,可以立足优秀传统文化,积极开展党员干部家属教育实践活动,以传统文化、红色文化、先进文化为核心,以学习教育、思想宣传、家风活动等为载体,让党员家属接受全面的精神洗礼与思想淬炼,真正做好党员干部廉洁从政的"支持者"。

个人的廉洁品质与家庭环境有着深厚的联系,在崇廉尚洁的家庭环境下成长,会在潜移默化中养成清廉的品性。许多教子、训子的历史典故,生动地展现了家庭环境对个人的影响。

※

田稷,又称田稷子,战国时期齐国人。他德才兼备、能力出众,在担任齐国相国时,辅佐齐宣王整肃朝纪,使得政治清明,官吏廉洁,百姓无不拍手称赞。

田稷的廉洁品质与他母亲的教育不可分割。在少年读书时,母亲就晓谕他做人的道理,即使他当上相国后,母亲依旧给予点拨。有一个大臣因为渎职受到齐宣王的疏远,这位大臣知道齐宣王信赖田稷,便拿出百金,请求田稷为自己多多美言。

田稷答应了这个请求,并收下了金子,随后便拿回家献给母亲。田母知道儿子的薪俸有限，根本积攒不了这么多财富，就追问金子的由来。田稷只能如实相告，田母听后，直言："不义之财非吾有也，不孝之子非吾子也。"

这番话让田稷当即醒悟，他找到大臣后将金子退回，并向齐宣王请罪，请求罢免相职。而宣王在了解事情经过后，对田母教子大为赞赏，并言："有贤母必有良臣。"

※------------------------------------

"田母教子"的典故有着深刻的教育意义，让我们看到了家庭环境对个人廉洁品质的影响。若是家庭成员知晓事理、崇尚廉洁，那么党员干部也能自觉做到廉洁自律、持身守正；反之，若是家庭内部充斥着奢靡享乐的风气，家庭成员整日盘算着如何将权力利用到最大化，党员干部的价值观也势必会扭曲。

贪廉一念间，荣辱两世界。倡导清正廉洁的价值观念，营造温馨廉洁的家庭环境，追求简单干净的人际关系，传承艰苦朴素的生活作风，对于党员干部廉洁品质的修炼大有助益，更能推动纯正党风政风的形成与发展。

2. 追本溯源，消除家庭廉洁隐患

党员干部的家庭教育，关系到党员干部自身的廉洁形象和仕途命运，做好家庭教育，消除家庭廉洁隐患，尤其是帮助家庭成员树立廉洁自律意识，对每一名党员干部都有着深刻的现实意义。

自全面从严治党以来，腐败分子纷纷"落马"，分析其腐败形式，发现不乏"家庭腐败""夫妻腐败"，甚至是"家族腐败"。这些领导干部就是因为疏忽对家庭成员的监督与管理，才给投机分子可乘之机，进而让他们从家庭成员身上突破防线；也有个别领导干部没有做好对家庭成员的廉洁教育，让配偶或子女凭借自身权势狐假虎威、牟取私利。

从这些真实鲜明的案例中，可以看出守住"亲情关"的必要性。严于律己、廉洁用权，这是党员干部的首要目标，只有自身廉洁守法，才能为家庭成员树立榜样。除自我管理外，更为重要的是严格约束"身边人"。要管好自己的配偶、子女、亲友，强化他们的纪律意识，消除他们的特权思想，及时纠正不良行为，让他们可以自觉遵守党纪国法，牢固树立廉洁意识，做到自力更生、自食其力，并安于简单朴素的生活。

"父母爱子，则为之计深远"，对"身边人"的廉洁教育与行为约束，看似是限制，实则是"护身符"。须知，党员干部的权力并非私有，而是来自人民，在行使权力的过程中务必遵守严格的纪律规范。

在党的百年历史中，可以看到很多优秀的共产党人不仅严于律己、廉洁奉公，也善于教育家属、树立廉洁家风。如王进喜不允许亲属用自己的公务车、焦裕禄教导子女不要看"白戏"，这些看似微不足道的小事，足见优秀共产党人对亲属的廉洁要求和教育。

"一人不廉，全家不圆"，家庭是党员干部的温情港湾，也是最易攻破的防线，家庭成员的言行举止直接反映党员干部的廉洁品质。因此，广大党员干部必须保持高度警惕、做好全面检查、清除廉洁隐患，主动肩负起严管厚爱的责任，对任何贪图享乐、狐假虎威的腐败行为都要严肃处理，做好廉洁教育，绝不能"放任自流"；同时更要重视思想引导、加强文化教育，从党的红色文化中汲取先进经验，共同制定家庭准则、讲明政治规矩，最大程度获得家庭成员的理解与支持，并重视行为规范、价值引领，善于用丰富的经验和生动的事例进行教育引导，帮助家庭成员在廉洁自律的道路上行进。

------------------------------※

2009年，余某任某乡镇书记，恰好赶上镇里大搞开发。不少商人老板纷纷向余某行贿，打算从他这边打开缺口。于是，吃饭陪酒者、送钱送礼者络绎不绝，不过谁都没有达到目的。

"油盐不进"的余某让这些老板伤透了脑筋，眼看就要到招标日期了，余某还是没有松口。这时有精明的老板打听了余某的情况，知道他是个妻管严。

于是，这位老板直接将礼物送到余某的家里，这让爱慕虚荣的余某的妻子无法拒绝。接下来的几天里，妻子反复游说余某，并将余某和同期的干部作比较，向他灌输着"权力不用，过期作废"的观念。就这样，在妻子的持续攻势下，余某的思想发生了动摇，捞钱的想法逐渐涌上心头，且挥之不去。

天下没有不透风的墙，余某的索贿行为自然逃不过群众的双眼。最终，余某的所作所为暴露在公众的视野之中，他被开除党籍、开除公职，只能在铁窗内深深地忏悔。

※------------------------------

第七章 对内以身作则，建设廉洁家庭

余某的案例警示我们，家庭并非安乐窝，也暗藏着廉洁隐患。个别党员干部的家属纪律意识不强、廉洁修养不足，容易为金钱利益所迷惑，成为投机分子的"跳板"。因此，党员干部想要真正做到廉洁自律，必须加强全方位的修养，不仅要提升自我思想境界、廉洁品质，还要加强对家庭成员的监督和管理，树立行为规范、强调纪律原则，及时掐灭不良不正的思想苗头，做好家庭成员的廉洁思想教育，并引导家庭成员之间相互监督、相互管理，防止小错酿成大祸。

---------------------------------❋

正所谓"打天下易，守天下难"，明开国初年，有诸多骄兵悍将，仗着自己的功劳横行不法，不仅是他们个人，这些权贵的家人亲友也仗着权势地位胡作非为、横行霸道，百姓深受其害。

如何整治这些权贵的家属呢？朱元璋苦思良久后，认为要"急去其根"，也就是从他们所倚仗的对象入手加以整治。为了达到预期效果，朱元璋召集文武大臣，要求他们严格约束自己的家属，对于为非作歹者严惩不贷，而且自己开始，以身作则。

洪武九年（1376）秋，朱元璋下达政令，告诉文武百官"凡在官者，其族属有丽于法，听其解职归乡里"。

政令一出，朝野上下的风气为之一变。不少官员害怕自己被牵连受累，便加强对家属的管教，在京为官的人也专门写信回老家去叮咛嘱托，让家里人万万不可仗着权势鱼肉乡里。

❋---------------------------------

在官场发生的腐败行为中，官员的"家里人"是不可忽视的群体。他们或是不明所以，擅自接受他人馈赠的礼物；或是爱慕虚荣，狐假虎威，利用官员的影响力谋取利益，这些行为，不仅会影响百姓对官员廉洁形象的认知，更会诱发祸端。

党员干部讲亲情、爱亲人，这本无可非议，但深爱不等于纵容，狭隘的亲情观是以私废公、"私而忘公"，殊不知，这只会招致悲剧的结局。共产党人的亲情观，是严管厚爱、公私分明，是约束家庭成员的行为、做好家庭成员的思想教育，是让他们知道"行有所止"，严守党纪国法。这样的亲情观才是纯正的价值观念，才能助力党员干部在从政之路上稳步前行。

3. 树立家风，修身齐家廉洁不辍

"清白家风不染尘，冰霜气骨玉精神。"在党的百年历史上，无数共产党人前赴后继、舍身忘我，发挥着艰苦奋斗的作风、展现着公而忘私的品质，他们为国舍家、廉洁齐家、艰苦奋斗、崇学尚实的优秀品质一代代传承下来，成为党赓续传承的红色家风，激励着一代代后辈子弟持续奋进。

优良的家风是在长期实践中培育形成的一种家族文化和道德氛围，有着不可比拟的感染力与影响力，可以为家庭成员传递正确的价值取向，促进家庭成员的共同进步。《大学》中云："所谓治国必先齐其家者，其家不可教而能教人者，无之。"家风是家庭的精神内核，更是家庭价值与家庭文化的集中体现，蕴含着丰富的思想及教育价值。

"子帅以正，孰敢不正？"想要在家庭中树立清正廉洁的家风，党员干部务必发挥表率作用，以身作则、严于律己，以自己的实际行动展现党员干部的清廉操守，在言行举止中树立公正无私的形象，如此便可以自然而然地带动家庭成员主动模仿、学习，从而形成家风廉洁、政风清明的良好局面。

"不以规矩，不能成方圆"，严守规矩、不逾底线，是衡量党员干部政治品格的标尺，也是党员干部廉洁从政的要求。树立规范，方能有尺度，知可为知不可为。党员干部的廉洁家风也需要用规矩去"打样板"，才能让家庭成员言有所戒、行有所止。所以，党员干部要对家庭成员严明纪律、强调准则，结合日常生活的种种行为制定规范和标准，用家庭规矩让家庭成员做到明是非、守底线，不为外界形形色色的诱惑迷惑，做到持身守正、言行合规。

在修身齐家方面，廉洁家风同样意义重大，更是正人心、纯党风的"良方"。对党员干部而言，清正廉洁的家风是确保党风政风清正的基础，也是约束管理家人最好的方式，做到言行如一、上下齐心，以廉洁家风为精神内核，努力追寻健康的生活方式、保持高尚的道德境界、培养清正的人格操守。

--------------------※

史来贺，新乡县七里营镇刘庄村原党委书记，终身奉献于农村建设，努力带领群众致富，他的精神也被称作"一面永不褪色的红色旗帜"。除奉献情怀外，更让人敬佩的是他对家庭成员的严格教育，以及所涵养的淳朴清廉家风。

"一不准搞特殊化，二不准占集体的便宜，三不准收礼送礼"，这是史来贺对家人制定的"规矩"，也是史家家风的精神内核。在成为新乡县委副书记后，他坚持将自己的工资与群众平均收入等同，超出部分就会上缴给集体，这种行为也深深地影响了他的家庭成员。

每次回家，史来贺若是看到新物件，必会追根究底，生怕家里人不明所以，收了别人的礼。家庭成员也很有原则，每逢有人上门送礼总是拒绝不收，即使是简单的礼物也会按照市场的价格支付。儿子史世领结婚，只接受祝福不需要随礼，婚宴规模也是按照村里的标准执行，没有丝毫铺张浪费。

在史来贺的影响下，史家的家风格外严谨，几个子女都有着很高的思想觉悟。史来贺去世后，儿子史世领也投身到服务人民群众的行列，并继续沿袭父亲制定的"规矩"，也将其发展成刘庄村所有村民共同遵守的行为准则，由家风逐步演变为清正廉洁的乡村之风。

--------------------※

第七章 对内以身作则，建设廉洁家庭

良好的家风是个人成长的强劲动力。史来贺树立的廉洁家风影响深远，不仅起到了教导子女的作用，也发展为村民共同遵守的乡约民俗。

个人的成长发展离不开家风的滋养，在推进廉洁文化建设的过程中，更要发挥家风在教育教化方面的作用。党员干部要积极主动学习，从党的红色家风中感悟清廉的精神力量，并严格要求自己、严格管教家人，以红色家风为内核，将艰苦奋斗、勤劳俭朴、清正廉洁、公私分明等优秀的品质熔铸到家庭的血脉中，从而打造清廉家风，让家庭成员接受红色文化洗礼，成为党员干部廉洁从政的最大助力者。

---※---

陆游是众所周知的南宋爱国词人，他在宋词上有着极高的成就，而深入研究陆游的家庭教育也可以发现，他的爱国情怀与清廉精神一脉相承。

作为江南的名门望族，陆家历史悠久、底蕴深厚，历来都注重对子弟的教育，更有《修心鉴》世代相传，陆游就是在这样的环境下成长起来的。

据记载，陆游仅"示儿诗"就有一百八十首之多，其中多是勉励子弟要勤勉读书、忠贞爱国、清廉自守，由此也形成了独特的诗词家训，在中国家训史上独具特色。《放翁家训》中有"孝悌行于家，忠信著于乡"的劝勉，从中可以窥见陆家的纯正家风。每逢子弟外出做官，陆游都会谆谆教诲，让他们始终廉洁自律、克制贪欲。

在写给儿子的《送子龙赴吉州掾》中，就有"一钱亦分明，谁能肆谗毁"，旨在让儿子牢记教诲，做到公私分明、坦荡无私，真真正正地做好官、做清官。

---※---

陆家的家风源远流长、厚重深远，造就了陆氏家族人才辈出的盛况。从陆游对子弟的劝诫叮嘱中，也可以看出他满腔的爱国之情与浓浓的长辈亲情。良好的家风是给子女最为珍贵的礼物，足以令其终身受益。

而今，在全新的历史方位下，想要实现党风政风的纯正，还需从家庭层面综合发力，这就要求广大党员干部深刻认识到家风的重要性，不论生活格局发生多大变化，不论社会环境有怎样的改变，都要高度重视家风建设，以纯正的家风为发力点，引导家庭成员积极向上、廉洁自律，形成崇廉尚洁的风气，推动廉洁文化建设之花绽放。

4. 从严要求，培养儿女廉洁思想

在子女教育方面，《增广贤文》中写道："不求金玉重重贵，但愿儿孙个个贤。"比起留金赠玉，将子女引入正途显得更为重要。换句话说，若子女能力不足，即使有金山银山也守不住；若子女有德有才，自然是家庭和睦、事业兴旺，这也与现代社会所倡导的廉洁教育高度契合。

一方面，党员干部作为公权力的行使者，要在家庭中为子女树立榜样，教育子女廉洁自律，可以有效确保权力正确行使；另一方面，廉洁是道德修养、意志品质、精神境界的集中体现，培养子女具备廉洁思想，也等于是教育他们如何为人处世，当他们能够自觉主动地严守规范，就会受益终身。

廉洁品质的养成并非一朝一夕，而是循序渐进、潜移默化的。在点滴的小事小节中逐渐积累，在大事大节中教育引导，这样才能让廉洁思想内化于心、外化于行，成为伴随终身的优秀品质。因此，党员干部要从严出发，为子女立规矩、定尺度，强调行为准则，教育子女学会正确看待金钱，努力控制自身贪欲。

在具体的教导中，党员干部首先要以身作则，树立行为规范；其次要重视与子女的思想与情感的交流，在潜移默化中传输廉洁思想，帮助子女树立正确的价值观、人生观；最后，党员干部自己要追求俭朴的生活，支持子女自力更生，培育子女的独立能力，让子女摆脱依赖、独立自主。

"子不教，父之过"，简单的几个字蕴含着朴素而深刻的道理，但却知易行难。在生活中，不乏党员干部忽视子女教育，纵容子女享乐，从而导致悲剧性的例子。

张某，湖南省某机关原部门领导，因涉嫌严重违纪违法被审查调查，同时被调查的还有他的儿子张某某，最终父子俩均被判刑。

张某某是张某的独子，自小被捧在手心里，母亲对其十分溺爱。张某因为忙于工作，对孩子也没有过多关注，每次只是简单的口头教育。

在这样的家庭环境下，张某某自小就养成了骄狂的性格。大学毕业后，张某通过关系，将张某某安排进入财务部门。但是积习难改的张某某怎么会安于这样的生活？入职后不久，他就结交了不少狐朋狗友，热衷于奢侈消费，更为此挪用公款。

然而，张某某根本没有能力堵上窟窿，只能央求父亲帮忙。对于这个儿子，张某真的很无奈，但又狠不下心放弃不管，只能再次动用关系解决这件事，并将挪用的资金补齐。但是，张某某并没有从这次事件中吸取教训，越发变本加厉起来，在短短时间内再次挪用公款。

张某为了不让儿子进监狱，只能跟在后面修修补补，很快，仅有的积蓄全部耗尽。无奈之下，张某只好借助自己的职权帮助企业老板招揽项目工程，从中获得"佣金"。然而，张某某的事情终究还是被曝了出来，而张某也被调查，之前种种遮掩的行径再也隐瞒不住。最终，父子两人均被移交检察院审查起诉。

宽纵、包庇、溺爱，种种"无微不至"的关心和照顾才使得张某某

第七章 对内以身作则，建设廉洁家庭

越发狂妄自大，有恃无恐，进而失去自我，最终也连累父亲遭受处罚，这也从侧面反映出教导子女具有廉洁思想的重要性。

个别党员干部忽视了对子女的廉洁教育，使他们成为党员干部廉洁防线的"突破口"，引发了一连串的崩塌反应。党员干部要重视家庭教育，关注子女的思想，培育他们廉洁自律的品质，让子女能够辨明是非利弊，谨记党纪法规，在诱惑面前能够保持清醒，做到不贪不占、清清白白。

> 据清代王士祯的《池北偶谈》记载，在明神宗时期，有一位清正廉洁的大臣——沈鲤，他在教育后辈子弟上颇有建树。沈鲤为人谦和、办事干练，被明神宗任命为礼部尚书。按照当时的规定，京官没有长期休假的权利，往往任职就是终身，数十年回不了家，直到致仕（辞去官职）才能告老还乡。
>
> 沈鲤便是如此，从上任后便一直留在京城。但他很关注对后辈子弟的教育，要求子弟按时写信汇报自己的生活近况，以及读书的情况。沈鲤在回信时也事事关心，既回复读书修学的心得，也晓谕为人处世的道理，告诉他们要崇廉尚俭，不要追求奢侈华丽的物品；要重视读书学习，多做善事，不忘接济村里的孤寡老人。"拜客只可骑马，不可乘车""衣服勿太华美，器用宁可欠缺"，在行为上，沈鲤总是严格要求，并时时去信监督，希望他们养成俭朴的生活习惯。得益于沈鲤的教诲，沈家子弟生活朴素、品行端正、关爱乡邻，风气十分清朗，沈家更是成了乡里闻名的礼仪之家。

对从政者而言，管好家人是应尽的义务，也是提升家庭成员廉洁意识的有效方式。沈鲤不仅自身廉洁自律，还注重培育子弟的廉洁思想，这种修身齐家的行为值得党员干部学习。

所谓廉洁，不仅是自身修行，也包括对家人的教育和管理。党员干部既要做到自身党性够纯、修养够硬,更要教育好子女,向他们传递廉洁思想,培养他们高尚的品格,约束他们的行为,真正让他们体会到廉洁文化的深厚内涵,并从严要求自我、砥砺道德品质,树立廉洁光荣、腐败可耻的意识。

5. 以身作则，增强家人廉洁意识

古语云："礼义廉耻，国之四维。四维不张，国乃灭亡。"清正廉洁是中华民族传统的道德规范，被视为官员必备的道德品质之一。诸如子罕"不贪为宝"、杨震"暮夜却金"、羊续"悬鱼拒贿"，都是名垂千古的佳话，彰显了廉洁自守的高尚品德，他们也成为后人所学习传颂的对象。

廉洁自律是党员干部的从政品质，事关党的事业兴衰。在现实生活中，大部分党员干部都能专注于个人廉洁品质的修养，做到严于律己、公私分明，有些党员干部却忽略了对家人的教育和引导，从而被"身边人"拉下水，甚为可惜。

教育家人，关键是要以身作则。正所谓"其身正，不令而行；其身不正，虽令不从"，党员干部想要让自己的话语有信服力、有权威性，自己要言行端正，作出表率。

作为家庭的表率，党员干部要主动为自己树立规矩、制定标准，并自觉遵循，"不结交酒肉朋友、不追求奢侈生活"，带头倡行俭朴生活、拒绝酒席宴请、控制消费等级，如此便能慢慢地在家庭中兴起简朴清廉的风气，让家人自觉效仿。

同时，培育家人的廉洁思想，既要重视立规矩，也要善于讲道理、凝共识。在实际生活中，不少党员干部只是单纯地向家人提要求、立规矩，而不进行解释，这样不仅会导致情感疏远，更会让廉洁教育流于表面。想要真正增强家人的廉洁意识，就要将其中的道理掰开揉碎、细细叙述。

家庭是一个整体，一名家庭成员不廉洁，整个家庭都会受到负面影响。在全面从严治党的实践中，广大党员干部既要保持清醒认识、提高警惕意识，加强对家人的约束与管理，更要以身作则、率先垂范，以行动为家人树立标准，促使家人自觉遵守党规党纪，做到不贪不占、不求不取，创建廉洁清爽的文明家庭。

------------------------------※

徐某是某市林业和草原局干部，喜欢打牌，在工作之余经常邀请众多牌友到家里玩乐。而且他喜欢贪占公家便宜，时常从单位顺些物资，带回家里。徐某的这些行为都被儿子看在眼里、记在心里，并开始有样学样。

上初中时，徐某的儿子就经常组织同学在课后打牌，都是从家里直接拿的现成用具。学校老师数次向徐某反映，但管教无果后，徐某也就听之任之了。在这样的环境下，徐某的儿子逐渐荒废了学业，早早辍学，甚至沾染了赌博。

徐某的妻子心疼孩子，每次都是有求必应，这也使得儿子的赌瘾越来越大，所欠下的赌债更是成倍增长。短短半年内，就欠下了数十万元的赌债。

迫于压力，徐某只好将歪主意打到了公共款项上，数次挪用公款为儿子偿还赌债，还伙同他人买卖国家资产、操纵项目竞标，从中获取巨额贿赂。

东窗事发后，徐某被开除党籍，被判处无期徒刑；他的儿子也因参与其中，被判处有期徒刑三年。

※------------------------------

俗话说，"上梁不正下梁歪"。案例中的徐某自身沉迷打牌娱乐、贪占便宜，这让他的儿子也养成了一身恶习。加之徐某疏于对儿子的管教，母亲又过度溺爱，最终导致惨痛的后果。这也警示广大党员干部，在家庭廉洁教育中，必须以身作则、率先垂范，以廉洁行为为家庭成员

第七章 对内以身作则,建设廉洁家庭

提供参照并给予指导,让家庭成员能够自觉遵从规矩、主动约束自己,形成廉洁的家庭风气。

为官从政者,一言一行都会产生巨大的连锁反应,因此无论在工作中还是生活中,都要严格自我约束,注重言行举止、培育健康情趣、追求廉洁生活,以自己的实际行动为家人提供学习样板。

---※---

唐朝中后期的权相元载,是历史上有名的大贪官。元载出身穷苦之家,参加科举考试一连几次都名落孙山。直到天宝初年,信奉道教的玄宗皇帝在科举中开设道家典籍考试,才使得熟读道家典籍的元载有了出人头地的机会。

后来,元载在仕途上越走越顺,顺利地坐上了宰相之位。同时,手握朝廷的财政大权。一朝权在手,便把"财"来贪,大权在握的元载成了名副其实的富翁。

在长安的大宁里、安仁里,元载修建了两处豪华宅第,又在长安城南购置田庄,在东都洛阳也建起了园林式私宅。元载家里还囤积着当时十分名贵的西域调味香料胡椒,有八百石之多。其余奇珍异宝更是数不胜数。

元载的妻子王韫秀,是名将王忠嗣的女儿,她自幼凶悍泼辣。当妻子有不当之举时,元载往往听之任之,不加约束。并且,夫妻二人对儿子肆意放纵。几个儿子倚仗元载的权势胡作非为,大行欺男霸女、声色犬马、贪污受贿之事。

对于元载一家的恶行,代宗皇帝早有耳闻,但念其护主有功,并没有采取强硬措施,还曾提醒过他。可是元载毫不在乎,依旧我行我素。

后来,无法继续忍受的代宗皇帝动手收拾元载。元载被赐自尽,他的妻子和儿子也被赐死。

出身贫寒的元载一步步走上宰相之位,本应用心辅佐皇帝,体恤百姓,可他贪心不足,更导致家风败坏,令全家遭殃。

※------------------------------------

家风不正，害莫大焉。今天的广大党员干部应以古为鉴，用实际行动为家族子弟作出榜样。言传身教的方式意义深远，可以让家庭成员深刻感受到廉俭的魅力，并发自内心地崇廉倡廉，从而律己修身，远离一切贪腐行为。

广大党员干部也应从中得到启迪：无论在工作中还是生活中，不能只注重思想上的自觉，更要将清正廉洁的精神体现到点点滴滴之中，以身作则、持身守节，发挥表率作用。只有党员干部自身做好了，家庭成员才能受到好的影响，从而自觉效仿，自然而然就形成廉洁风尚。可见，在家庭教育中，党员干部要时时刻刻作好廉洁榜样，从大事小节中严格要求自己，追求表里如一、言行一致，带动全家人共同律己守廉。

6. 清简生活，全力打造廉洁家庭

一个家庭的生活方式，是一个家庭观念的体现，也是社会的价值缩影。多数腐败干部的家庭都存在着较大的问题，或是沉迷娱乐交际，混迹低俗圈子；或是铺张浪费，追求奢侈生活；或是作风张扬，喜欢夸饰炫耀……家庭的生活方式与是否廉洁以及廉洁程度紧密相连，只有做到清简生活，发扬朴素作风，追求精神文明，才能打造廉洁家庭，让清风正气不断充盈。

作为党员干部，要严格遵守各项纪律，其中自然也包括生活纪律，它在一定程度上直接影响到党员干部的纯洁性和先进性。不难看出，廉洁自律的优秀党员从不追求物质享受，更不会沾染不良习惯，他们有着崇高的目标、远大的追求，时刻鞭策自我、砥砺前行。优秀的党员干部追求的是精神的充实与丰盈，在阅读学习中发现价值、在修身养性中培养爱好、在俭朴生活中提升境界，真正将党的品质与日常生活相互交融、相互渗透，做到全方位的清廉自律。

党员干部的生活观念与生活方式也直接影响到家庭的廉洁程度，清廉的党员干部既严于律己，更能够将自己的价值观念在家庭中传播，实现"修身齐家"的目标。俭朴、勤劳、简约，这些生活观念历来是中华民族的传统美德，正所谓"成由俭，败由奢"，要想家族兴旺，就必须学会俭朴生活、简单生活，发扬勤俭节约精神。

在日常生活中，党员干部要重视提升家庭成员的认知，引导家庭成员选择廉俭的生活方式，将清简生活的价值观念根植于家庭成员的内心深处。要严守生活纪律,加强道德修养,约束子女的言行举止,传递自食其力的价值观念,让子女热爱劳动、主动担当,依靠自己的双手创造幸福;同时引导配偶亲友坚守原则、树牢规矩,倡导俭朴的生活观念,限制家庭吃喝用度的等级,自觉回归到普通群众的行列;对待父母长辈,要恪守孝道,关爱父母,以自己的行为方式作为表率,让小辈看到并主动效仿,让尊老、敬老的风尚在家庭内部兴盛起来。更重要的是,也要让长辈养成"帮廉不帮腐"的意识,不能倚仗子女的名义贪占求取。

亲善和睦的家庭氛围,需要每一位家庭成员的共同维系,党员干部要发挥掌舵领航作用,让每一位家庭成员在平淡的幸福中感受家庭的美好,传递朴素的价值观念,与家人携手共建崇廉尚廉、和谐美满的幸福家庭。

贪图享乐是党员干部最大的敌人之一,过度沉溺奢侈的生活会消磨斗志,诱发腐败,不少党员干部就是在这种诱惑下没能保持本心,才走上腐败之路,甚至将家人拉下水。

"这些年,我过分去追求享受,既害了自己,更害苦了家人……"这句话出自上海市某区原干部谢某之口。在任职期间,她被奢侈的生活眩晕了双眼,大肆敛财,带着家人亲友吃喝玩乐,任意挥霍,最终因贪污腐败被判处无期徒刑,所有家产均被用来缴纳罚金。

谢某的父母只是普通的公司职员,给不了她富贵的生活。从小谢某就幻想着穿金戴银的生活,这个想法也在她走上工作岗位后慢慢成真。

2005年,谢某以研究生的身份在区里入党入职,成为少有的年轻干部,这也是她堕落腐败的开端。

上海是一座大都市,灯红酒绿的生活让谢某大为迷恋,为了满足自己的欲望,她开始挪用公款购买昂贵的奢侈品、出入各类高规格的餐厅酒馆,还经常带着亲友进行奢华的旅行。

谢某的丈夫是她的大学同学，是一家企业的普通职员。结婚后，丈夫也曾对谢某大肆挥霍的行为感到疑惑，但他也享受其中，数次之后也就不再深究，反而心安理得地享受起来。

但好景不长，建立在贪腐上的奢侈生活终究不会长远。两年后，谢某挪用公款、索取贿赂的行为曝光，被开除党籍，并被判处无期徒刑。

生活作风问题关系廉洁品质，腐化堕落就是从生活作风不检点、生活习惯不健康开始的，从而逐步发酵，成为影响党性的"脓疮"。案例中的谢某，贪图享受、喜好奢华，为追求富贵生活葬送了自己的大好前程，更影响了亲友的生活观念，导致奢侈享乐的风气在家庭中盛行，可谓害人害己。

为官从政，当戒奢尚俭，方能铸就廉俭美名。因此，广大党员干部要充分认识到健康生活方式与生活情趣的重要性，看清楚生活观念对家庭廉洁的影响，从而自觉追求俭朴生活、培养健康情趣，在家庭内部形成崇廉尚俭的风尚，让"红色力量"在家庭内部发挥作用。

同时，党员干部作为家庭生活方式的引领者和倡导者，言行举止都有着非常重要的导向作用。所以在生活中务必自觉将俭朴的生活方式作为家庭廉洁建设的主要内容，从生活的方方面面入手，强调纪律、制定规矩、讲清原则，并主动过简简单单的生活，带领家庭成员自食其力、远离奢侈，在平淡的生活中发现廉洁的真谛，以俭朴的生活方式涵养清廉的风尚，引导家庭成员做到廉洁自律、情趣高雅、精神清盈。

第八章
廉洁乃为政之道,修身乃立世之本

廉洁从政,秉公用权,是党的光荣传统和优良作风,更是实现政治清明、党风纯正的前提条件。"正心以为本,修身以为基",在推进廉洁文化建设的过程中,党员干部要自觉自律、慎独慎微,充分发挥模范带头作用,树立崇高理想、追求远大目标,以严修身、以俭养德,主动远离低级趣味、自觉抵制歪风邪气,在小事小节上规范自己,在大是大非上坚定立场,以实际行动加强党性修养、提升思想境界。

第八章　廉洁乃为政之道，修身乃立世之本

1. 坚定意志，不为外物惑

"物必先腐也，而后虫生之。"党员干部的廉洁品质和党性修养关乎党组织的形象，影响党的事业成败。廉洁自律、公正用权，这是广大党员干部的从政之本，也是党组织永葆生命力与纯洁性的重要保障，只有党员干部自觉做到将清正廉洁的准则内化于心、外化于行，做到权为民所用、利为民所谋，才能真正营造风清气正、海晏河清的政治环境。

"小惑易方，大惑易性。"在奋进新时代的征程中，从来都不是一帆风顺，既有层层艰险阻碍，需要攀山越岭、敢于攻坚；更有重重诱惑，腐蚀人心，易引人入迷途，需要党员干部恪守信念、坚定信仰。

生活中的诱惑是客观存在的，更是多种多样的。不法之徒的腐蚀拉拢，或是千方百计布局设计，将真实的意图隐藏在人际交往、吃喝应酬中，或是绕开党员干部本人，从家人亲属身上寻找突破口。

"贪如火，不遏则燎原；欲如水，不遏则滔天。"能否在形形色色的诱惑面前守住原则、保持本心，关键看党员干部自身的意志力。如果能够做到公私分明、淡泊名利，自然不会为外物所迷惑；若是思想松懈、意志动摇，即使没有外物诱惑，也会为自身的贪欲所裹挟，走上违法乱纪的贪腐道路。

无论在生活中还是工作中，党员干部都要用好自我革命这个法宝，敢于刀刃向内、自查自纠，对照党纪国法检验自我行为、检视自我生活、剖析自我问题，将各类影响廉洁品质的问题"拎出来"，将形形色色的诱惑"找出来",全面清除生活中的"尘埃",擦亮党性底色。

崇高的理想、坚定的信念,是中国共产党人的政治灵魂,也是党员干部廉洁自律、攻坚克难的精神支撑。广大党员干部要从党的百年历史中汲取经验,感悟党的伟大使命,传承党的崇高理想,牢固站稳人民立场,主动投身社会实践。不论在什么时候,广大党员干部都要牢记共产党员的第一身份,做到爱党护党、在党为党,既要遵守党的纪律规范,更要坚定党的理想追求,自觉将人生价值与党的理想相互结合,真正做到意志坚定、思想坚定、立场坚定,矢志追求更有高度、更有境界、更有品位的人生。

---------------------------------------※

胡某是某县政府部门原干部,表面上是公正无私的清廉干部,但是在党的纠察中现了形。

刚刚加入政府部门时,胡某被分配到后勤部门负责日常材料采购事宜,这时候的他就有小贪小占的习惯,喜欢将积压的材料物品以低价的方式转手卖出,还常常与进货商勾连,暗中获取回扣。

随着职务的提升,胡某的胃口也大了起来,与本地的大老板交起朋友来,经常出入各类奢侈场所。作为交换条件,胡某为商人老板们介绍工程项目,出售政府资源,为他们带来了不小的回报。

在当地事业单位进行结构调整后,胡某凭借老资历,领衔挂名了某个自然保护区管理局局长职务,这更加方便他牟取私利了。在挂职期间,他将单位的财政视作自己的私人金库,各类生活用度、奢侈消费统统通过发票报销,走公共账号,在短短的时间内,就侵吞挪用公款达十余万元。

后来,胡某的斑斑劣迹被检举揭发,他本人被开除党籍,并移交检察院审查。

※---------------------------------------

第八章 廉洁乃为政之道，修身乃立世之本

党员干部廉洁从政，最重要的是坚定信仰、淬炼意志，在外物的诱惑中恪守本心。胡某的"落马"，究其原因在于党性不纯、意志不坚，在诱惑面前轻易动摇，既毁掉了自己的仕途，也影响了党的廉洁形象。所以，党员干部要时刻保持坚定的意志，看破诱惑的伪装，坚定对理想的追求、对纪律的遵守，做到"不为外物惑"，不忘初心、牢记使命。

------------※

刘温叟，北宋初年重臣，以磊落的品性为人敬重，深受赵匡胤的信任。

北宋建立后，刘温叟因刚正不阿的品性被授予御史中丞的职务，他恪尽职守、任劳任怨、廉洁自律、克己奉公。在中枢任职时，刘温叟依然生活朴素，曾经的门生以看望恩师的名义送上一车粮食，想以此拉近关系。刘温叟一再推辞，但这位门生坚持要送。无奈之下，刘温叟只能收下，但他以华贵的服饰作为回礼，赠送给这位门生。门生见刘温叟的态度如此坚决，只好失望地将自己的礼物带了回去。

后来这件事情被宋太宗赵匡义知道，宋太宗有心测试刘温叟是否真的清廉如水，便特意赐给他五百串钱。虽说无功不受禄，但这次送礼物的对象不好拒绝，刘温叟便将五百串钱如数封存，储存在西间厅屋里。

第二年端午，宋太宗再次派遣心腹给刘温叟送去过节礼物。刘温叟将来人引到西间厅屋，来人见原先封存的五百串钱分文未动，回去后就将这件事禀告给太宗皇帝。太宗皇帝无奈地叹息一声，真正领略到刘温叟的清廉，命人将所有礼物取回，再也不测试了。

※------------

刘温叟对廉洁的坚守令人敬佩，值得广大党员学习。作为党员干部，在生活中、工作中总会面临各种诱惑，稍不留意就会跌落深渊、声名狼藉。因此，党员干部要始终保持一颗廉洁奉公之心，干净做事、清

白做人，善于自我约束，做到不贪不占，不妄念、不奢求，自觉远离纷杂的诱惑。

同时，党员干部要有忧患意识，能够认识到腐败贪污的悲惨结局，始终保持如履薄冰、战战兢兢，面对诱惑要慎之又慎，不断加强纪律意识，提升道德水平。

2. 忠诚履职，爱岗尽责

"为民造福是最大政绩"，是党员干部最鲜明的立场，也是应当始终遵循的准则。党员干部的权力来自人民，并非个人私产，要成为清正廉洁的优秀干部，就要明确"权力为谁所用""政绩为谁而树"。

"民之所好好之，民之所恶恶之。"人民性是中国共产党的鲜明底色，人民利益是党员干部一切工作的出发点和落脚点。这就要求广大党员干部在实际工作中牢记宗旨、坚守立场、践行使命，做到"民之所盼，我必行之"。

不负人民，意味着党员干部要爱岗守职，坚持凡事都以人民利益为中心，强化为民思想、增强实干担当，关心人民群众最基础的衣食住行问题，主动解决人民群众急愁急盼的现实问题，公正用权、廉洁用权、为民用权，真正让权力回归到为人民服务的本质上。

服务为民与尽职履责从来都是相互统一、不可分割的，尽心竭力服务好人民，做到对人民负责，就是忠于职守、爱岗敬业。

爱岗守职要以克己奉公为依托，广大党员干部要正确处理好人民利益与自我私利、党性修养与个性品质的关系，树立正确的业绩观、权力观，牢守政治规矩、恪守行动准则，驰而不息地加强党性修养，不断升华精神境界，真正做到立党为公、执政为民；同时要保持思想纯粹、加强自我约束，主动远离各类诱惑，公正处理人情私利，慎重行使国家权力，杜绝各类人情请托、公权私用、上下招呼等行为，做到公私分明、清正廉洁。

------------------------※

"七一勋章挂在胸前很沉，它代表着一种精神力量，代表着党员肩负的使命。我就是一名普通的工人，从没想过党和国家会给我这么高的荣誉。我现在身体还可以，要继续扎根上海基层社区，做到生命不息、奋斗不止。"这是2021年6月29日获得"七一勋章"荣誉、已经90岁高龄的黄宝妹所说。

黄宝妹是一位扎根基层、立足本职岗位为民纺纱的优秀共产党员。她26岁时被提拔当干部，可干了几天就"浑身不舒服"，于是提请回车间。她说："我的岗位，永远在车间里。"就这样，她一直在车间工作到退休。

1956年，黄宝妹在上海见到了毛主席，她说："主席和我说，纺织厂好，全国人民穿衣服，要靠你们了。"此后，她便把为民纺纱当作毕生事业。

退休后，黄宝妹仍然不忘为民纺纱，她参与多地多个棉纺厂的建设，义务帮忙。后来，又在社区做了义务宣讲员，给年轻人讲党史。2020年10月，她在网上开直播讲党课，希望可以引导年轻一代建设国家。

立足岗位，忠于职守，黄宝妹用自己的实际行动诠释了劳模的担当、党员干部的责任，真正做到了她口中的"生命不息、奋斗不止"。

------------------------※

在其位，尽其责，黄宝妹的尽职尽责让我们看到了党员干部的责任与担当，这也是对清廉最为生动的注解。

人民群众是党的力量源泉，清正廉洁归根结底还是为人民服务。广大党员干部要立足本位、加强自律、尽职尽责，自觉将党廉洁自律的品质转化成为民服务的实际行动，在自己的岗位上踏实工作，真抓实干，做到爱岗敬业、恪尽职守，以实实在在的行动彰显共产党员的风采。

------------------------※

第八章 廉洁乃为政之道，修身乃立世之本

春秋时期，生于楚国贵族家庭的伯嚭经伍子胥的引荐，在吴国担任太宰（大夫），同伍子胥一起为吴国效力。早期，他还能与伍子胥同心协力，为吴国的强盛出谋划策，可在有了一定的地位和权力后，为满足个人私欲竟然做出祸国殃民的事情。

吴越大战，越国不敌吴国，有亡国之险。此时的越王勾践心急如焚，谋士文种献计说可以贿赂贪财好色的伯嚭，让他劝吴王夫差同意议和。勾践马上答应，并在内宫挑选几名美女，连同二十双白璧以及千镒黄金，让文种暗中带给伯嚭。伯嚭痛快地接受了金银和美女，走上了贪贿卖国之路。

伯嚭在夫差面前极力地为越国说话，最终夫差同意了勾践的议和请求，越国有了喘息之机。待勾践到达吴国之后，伍子胥劝夫差干脆杀掉勾践，以解除后顾之忧。拿了好处的伯嚭却跳出来袒护勾践，同伍子胥唱反调，最终夫差决定不杀勾践。此后，伯嚭不但处处与伍子胥作对，还动了杀心。

夫差在得到美女西施后，终日享乐，不理国事。伍子胥留意着越国的动向，在发现不利苗头后再次奉劝夫差早作打算，夫差非常反感。最终，因伍子胥屡屡劝谏惹怒夫差，加之伯嚭从中作梗，编造谎言陷害伍子胥，心灰意冷的伍子胥自杀身亡。

后来，恢复元气的越国攻打吴国，大破吴都姑苏，吴王夫差自杀而亡。伯嚭自认为是越国复国功臣，向勾践邀功请赏，不想勾践早已对他恨之入骨，命人将其斩首，并杀掉他全家。就这样，不知感恩、不懂尽忠的伯嚭，落得个十分悲惨的下场。

※--------------------------------

身为吴国臣子的伯嚭，不思报国护主，只想着满足个人私欲，毫无尽忠职守之心，这是他身首异处的主要原因。

今天的广大党员干部,要从古人身上吸取教训,时刻不忘自己的身份和肩上的责任,牢固树立全心全意为人民服务的思想。人民是国家的主人,人民的利益是党员干部的职责所在,想要做清廉为民的合格干部,就要坚决履行党员干部的职权,做到为民用权、公正用权、廉洁用权,为人民群众的利益而竭诚奉献,为人民群众的幸福生活而往来奔波,以实打实的政绩提升人民群众的获得感、幸福感、安全感。

第八章 廉洁乃为政之道，修身乃立世之本

3. 人非圣贤，知过而能改

《左传》中云："人谁无过？过而能改，善莫大焉。"正如美玉有瑕，我们每个人并非生而知之，更不是十全十美，有过错也很正常，只要勇于面对、勇于承认、勇于改正，普通人同样可以逐渐变得完美。

对过失的认识态度与处理方式，反映了党员干部的道德修养。不少党员干部之所以从"小贪"变为"巨腐"，就是因为没有正视错误的勇气、缺乏自我革命的精神，导致被错误的价值观念所裹挟，难以挣脱，最终被拉进深渊。

勇于认错、勇于自查、勇于修正、勇于律己，这是党员干部应当坚守的道德品质，也是党员干部提升思想境界、淬炼党性修养的重要方式。"新故相推，日生不滞"，事物不断发展，推陈出新是其本质。在全新的历史方位下，诱惑、风险增多，各式各样的腐蚀手段不断翻新，党员干部难免在不知不觉间中了招、上了套，但只要及时自查、自我革新、自我修正，认真检视反思，主动改正提升，做到自我净化、自我完善、自我革新、自我提高，仍然不失清正廉洁的本色。

思想境界与道德品质的提升，需要在实践中反复打磨、在认识自我中逐步提升，若因为惧怕承认错误而裹足不前，最终只能堕落沉沦。作为人民群众的先锋力量，党员干部要有革故鼎新的思想观念，更要有勇于担当、知错能改的可贵品质，要破除思想上的弊端、扫清情绪中的暮气、勇猛精进、吐故纳新。一方面，党员干部要刀刃向内，自我革命、自我修正，主动检视自我、承认错误，并积极听取意见，做好修正工作，以实际行动弥补过失，以知错能改彰显担当风采；另一方面，党员干部要牢记教训、吸取经验，善于从过失、错误中分析总结，做好警示教育，做到严于律己，避免再次犯错。

------------------------※------------------------

"我一定改正错误，清清白白为人，勤勤恳恳干事"，这是湖南省某地方村委主任钱某向纪检监察干部做的保证。这是怎么回事呢？原来在2019年初，钱某因为户口分户的问题向村民收取了服务费。

当时村里正在进行宅基地的测量分配，按照户口给予不同的分配，有一家人想要多分点宅基地，于是将焦点放到了户口上，想要进行分户。但这件事并不好操作，派出所的干部按规定自然要拒绝。于是这家人找到钱某，想请他帮忙操作。

钱某知道自己会从中得到好处，先后收受这家人共计近2万元的转账。不久后，钱某被举报，在查明情况后，对其给予通报批评。钱某诚恳地承认了错误，当众进行了检讨。

在之后的工作中，钱某充分吸取了教训，严于律己，切实改进工作作风，坚决不沾各类形式的送礼。在日常业务中，经常有村民需要办理证明、盖章等，会送上香烟等礼品。要是以前，钱某当然会一一笑纳，但这次事件后，钱某则是事照办、礼不收，而且在工作时间坚守岗位，不再打牌抽烟，并带动村里的干部自觉遵守各项规定。很多村民都说村里的办事效率高了、风气好了。在新一届村干部选举上，钱某再次获得了多数村民的投票支持，成为村委主任。

------------------------※------------------------

"过而不能知，是不智也，知而不能改，是不勇也。"在种种诱惑面前，很多人或许会失足犯错，但只要主动承认错误、勇于改正错误，依旧不失责任与担当。案例中的钱某，便用实际行动赢得了村民们的原谅

和认可，再次发挥了自己的价值。这也启示广大党员干部要有知错就改的态度，对于党内的批评意见要积极接纳并加以改正；对于人民群众的建议要辩证吸收，做到有则改之无则加勉，争做有所作为、勇于担当、敢于创新的优秀干部。

知错能改是一种优秀的品质，出现在君王身上更显难能可贵。春秋时期的楚庄王，少有大志、雄才伟略，经过数年的励精图治，使得楚国的国力蒸蒸日上。

楚庄王特别喜好名马。在他的马厩里，有许多用昂贵的宝物换来的名驹，其中一匹更是深得他的宠爱，他甚至专门为这匹马建造宫殿、披上绸缎，用奢侈的食物来喂食，这让朝中的贤明大臣深为不满。

然而，这匹马很快就病死了，悲伤的楚庄王命令按大夫的葬礼规格来安葬它。这时候，有一个名叫优孟的艺人前来劝诫，表示这匹马是大王最钟爱的宝驹，应该用君王的规格来安葬，并用美玉黄金陪葬，邀请各国的使臣来吊唁，这样才能体现出大王对这匹马的深情厚谊。

这番"反话"让楚庄王顿时醒悟过来，他很坦诚地承认了自己的错误，表示不应该将马看得比人还重要，并虚心地请教应该如何处理这匹马。优孟哈哈大笑，提出可以用它来为勇猛作战的将士加餐，楚庄王同意了这个提议。自此以后，楚庄王改掉了爱马的喜好，时常召集大臣问询自己的过失并加以改正，而且爱惜民力、善待百姓，使得楚国越发强盛起来。

知错能改，善莫大焉。楚庄王一时犯糊涂，过于重视自己的宝马而忽略了百姓和大臣，耗费了财力与物资，的确是"大过"。这种做法并不能使得国家强盛，反而会引发大臣的不满。幸而，楚庄王及时悔改，从善纳谏，改了"大过"。

楚庄王的故事带给广大党员干部的启示是：知错就改不为错，万万不能一意孤行、错上加错。人民群众的眼睛是雪亮的，可以看到任何瑕疵，想要隐瞒遮掩，并不现实，而真正有责任、有担当的干部都有直面问题的勇气，对于任何问题都不会逃避，也不会找借口，而是就事论事、修正自我，在反复实践中向着更高的境界走去。

4. 鞠躬尽瘁，丹心图报国

诸葛亮的《出师表》堪称为人臣的典范，其中"鞠躬尽瘁，死而后已"一句更是道尽两朝老臣的拳拳之心，为后世仁人志士追捧、效仿。"鞠躬尽瘁，死而后已"，是爱国忠君的高度凝练，更是敬业守责、竭诚奉献的极致体现。

在奋进新征程的道路上，有着重重的关隘险阻，面临层层的风险挑战，党员干部要秉持"鞠躬尽瘁，死而后已"的奉献精神，揽责于身、履责于行，以高度的责任担当与行动自觉，为建成社会主义现代化强国的宏伟目标作出贡献、干出佳绩。

责任意识、担当精神、奉献情怀，皆是党员干部所应当具备的，也是谋事成事的关键。在现实生活中，不乏党员干部缺少担当、没有责任感，对于职权范围内的事情漠不关心，甚至是"一问三不知"，却对吃喝玩乐样样精通，试问这样的干部如何能够切实地履行自己的职权，又如何承担起建设国家的重任？

"鞠躬尽瘁，死而后已"，要求党员干部主动履责，以强烈的责任意识勇挑重任、践行使命。

广大党员干部要锤炼"鞠躬尽瘁"的精神品质，做到知责于心、担责于身、履责于行。党员干部的责任是使命所系、本职所在，也是人民所望、事业所赋，他们的担责精神直接影响到人民福祉、关系千家万户的实际利益，更是党组织廉洁形象的风向标。党员干部在现实生活中要积极作为、能于担责，发挥求真务实、实事求是的作风，做到小事全兼顾、大事无遗漏，实实在在地为人民群众谋福利，以实际行动提升人民群众的幸福感和满意度。同时，党员干部要用好调查研究这项制胜法宝，多走访、多调查、多分析，用自己的脚步丈量民情，在掌握真实情况的基础上做好、做优群众工作，让人民群众能够享受到更优质的服务、更舒心的政策。

此外，还要有"打硬仗"的心理素质与意志品质，对工作任劳任怨、尽心竭力，做到久久为功，这样才能让人民群众的利益落到实处；要始终保持干事创业的精神状态，对于实际问题要抓住重点、及时解决，对于实际工作要狠抓落实、笃行不怠，真正做到在其位、谋其政、履其责，争做埋头苦干的实干家、起而行之的行动者。同时要发挥奉献精神，始终将党员责任摆在心中、将人民利益放在首位，事不避难、义不逃责，在行动中努力追求"公而忘私"的崇高境界，在履行使命中展现党员干部的卓越风采。

---------------------------------------※

朱治国曾是青海省委组织部副部长、省委"两新"工委书记，他如同一颗螺丝钉，稳稳地镶嵌在人民事业的高楼大厦中，时时刻刻履行着自己的使命。从广袤的柴达木盆地到荒漠的戈壁滩，不论环境多么艰险，都阻挡不了他服务人民的步伐。

在二十余年的组织工作中，朱治国始终身先士卒，数次攀登高原、涉足荒漠，从办公室走进村民的家里、走进牧民的帐篷，实实在在地问询群众的实际困难、踏踏实实地解决老百姓的生活难题，成功带领很多贫困落后的村庄实现了脱贫致富。

"常年不在家、经常加班到凌晨已经是多年的习惯了"，这是家人和同事印象中的朱治国。工作难、事务重，朱治国全身心地投入为人民服务的事业，没有多余的时间留给自己、留给家庭。在这样高强度的工作中，朱治国一坚持就是二十

第八章 廉洁乃为政之道，修身乃立世之本

余年，他始终奋斗在行动的第一线。

"全省4149个村庄，已走完一大半"，从履职以来，朱治国就为自己制定了目标，要走遍全省所有的行政村，实地为村庄谋划发展。但令人惋惜的是，这个目标终究没有实现。朱治国因突发心源性疾病不幸离世，离开了这片他无限热爱的土地，年仅43岁。

※

"鞠躬尽瘁"是可贵的精神品质，体现的是对理想信念的坚守。从朱治国身上，我们就看到了这种震撼人心的精神力量。在推进现代化事业的进程中，依旧有着诸多艰难险阻，这需要广大党员干部继承并发扬这种崇高精神，以勇往直前的干劲、誓不回头的意志直面挑战、克服困难，在实际工作中不断提高工作效能，持续为人民的事业做贡献，知责尽责，死而后已。

※

"忙过这几天，过年就能歇歇了"，杜刚每逢年关总会说这句话，却从来没有真正停下过手头的工作，直到生命的最后一刻依旧在为人民的事业奔波。

杜刚自从履职以来，始终保持着"连轴转"的工作状态，每天都有大大小小的事情等着他去处理，而他每天也以热情饱满的姿态投入新的工作中。

实事求是是杜刚的工作准则，对于群众的事情，他总是亲力亲为，每个环节都严格把控，直到真正完成才放心。每逢群众接待日，他会暂时推掉繁忙的工作安排，坐下来与群众聊聊天、谈谈心，事后对于群众反映的问题更是牵挂在心、时时督促。在拆迁工作方面，他紧盯动员宣传、群众迁移、现场施工等各个环节，绝对不让群众的利益受到丝毫的损失……

杜刚有一本厚厚的工作日志，专门记录每天的行程，根据上面的记录，他在去世前的一天，还接连开了七场会议，安排部署各项工作，目的是让人民群众安安心心地过年，而自己却倒在了年关之前。

※------------------------------------

真正的廉洁就是公而忘私、国而忘家，回望党的百年奋斗历程，正是无数以天下为己任的共产党人前仆后继、舍生忘死，才换来了繁荣昌盛的家国。

而今，广大党员干部更要传承精神、赓续血脉，以高度的政治责任感和历史使命感，迎难而上、知责尽责，以实打实的行动努力跑、奋力冲、全力拼，铸就丰功伟业，在全心全意为人民服务的过程中实现人生价值。

第八章 廉洁乃为政之道，修身乃立世之本

5. 不慕荣华，淡泊以致远

诸葛亮在《诫子书》中说："君子之行，静以修身，俭以养德，非淡泊无以明志，非宁静无以致远。"其中蕴含的丰富人生哲理与崇高精神境界，也正是今天广大党员干部应当具备的从政品质。

所谓淡泊名利、宁静致远，并非彻彻底底排斥名利富贵，而是努力淡化争求之欲，把注意力放在精神修养与提升生活境界上，追求心灵的安宁。

纵观古今，那些成就伟业、青史留名的贤人雅士，必然在道德修养方面有着极高的造诣。如身居高位依然廉洁自守的贤相张九龄、"先天下之忧而忧、后天下之乐而乐"的范仲淹、"人生自古谁无死，留取丹心照汗青"的文天祥……这些名留青史的贤人，便是廉洁修身的典范，他们的风骨、操守和精神值得我们努力学习、用心传承。

"不要人夸好颜色，只留清气满乾坤。"党员干部的生活方式应受到广大人民群众的监督，人民群众自有公正评判，清正廉洁、严于律己、崇俭尚洁的党员干部会得到人民群众的认可与支持；而只顾私利、追求奢靡的党员干部也会为自己的贪婪付出代价。所以，清正廉洁应当是党员干部的从政底色，罔顾法纪者，必然会受到严惩。

淡泊名利既是人生的至高境界，也是党员干部为官从政的追求，关乎着党员干部的廉洁形象和仕途命运。

人的精力是有限的，如果将过度的精力集中到个人的奢侈享受上，那么为人民服务的心就会少一分、尽职履责的责任也会少一分，更容易

· 175 ·

在追求不当利益中迷失自我、损耗志气，进而消磨干事创业的热情。党员干部想要实现个人理想，在为人民服务的道路上阔步向前，就必须做到清心寡欲、不慕名利，减少外界物欲的干扰和诱惑。

----------------------------------※-

叶某是某市某区原干部，他的堕落腐化源自对名利的追求。上大学期间，他便羡慕某些同学的奢侈生活，只主动结交有权有势的官员子弟，与同宿舍的贫寒学生的关系却很疏远。

贪慕虚荣、追求奢华的恶习，在叶某成为党员干部后更是被不断放大。在公务应酬方面，他惯于结交当地的企业名流，在觥筹交错之间尽显奉承讨好的嘴脸，也因此拓展了不少人脉资源。

在与这些企业老板交往的过程中，叶某常常与他们出入各类消费昂贵的会所，参加旅游、农家乐、高尔夫等活动，并逐渐沉溺于这种生活之中，不能自拔。久而久之，他开始利用手中职权大搞权钱交易，暗箱操作，为各个企业老板行方便，而后收取贿赂，乐此不疲。

当钱权交易的行为暴露后，参与者被连根拔起。根据检察部门的问询调查发现，叶某涉及的贪污腐败、钱权交易行为多达数十起，牵连的各级官员、企业老板有数百人之多。最终，叶某被依法判处有期徒刑，为自己的贪慕虚荣之心付出了沉重的代价。

※----------------------------------

案例中的叶某被物质利益所迷惑，沉浸在奢侈享乐中，丢掉了信仰和灵魂，最终只留下无尽的空虚与叹息。

淡泊名利，既是一个人的修养，也是一个人的精神境界，只有甘于淡泊、乐于寂寞，才能公而忘私、无私奉献。广大党员干部要努力学习这种高尚品质，视个人名利如水，做到操守清廉、情趣高雅、生活恬

第八章 廉洁乃为政之道，修身乃立世之本

淡，让清风正气盈满心田。

------------------------------※

北宋末期，吏治腐败，朝野上下贪腐成风，很多官员都各凭手段捞钱发财，其中以奸相蔡京为甚。

宋徽宗继位初期，蔡京因为善于溜须拍马、阿谀奉承，受到重用，被任命为相国。他凭借手中的权力排斥异己，勒索官员，将朝堂搅弄得乌烟瘴气。

按照蔡京的规矩，凡是入京为官者，都要向他投交拜帖，并且献上礼物，否则就会被"穿小鞋"。更是大肆收学生、认义子，通过这种手段收敛钱财。这些钱财多数被蔡京作奢侈享乐之用，他用金银玉石装饰家具，居住在金碧辉煌的屋子里，每顿餐食都是珍馐佳肴，出入更是仆役上百，威风八面。

直到宋徽宗退位，蔡京的政治生涯才彻底结束。宋钦宗上位后，善于奉承的蔡京被举家发配到岭南。在发配途中，蔡京用货船搬运自己的金银财宝，想继续过富贵荣华的生活，但是沿岸百姓都十分痛恨这个奸臣，无论是商户还是百姓，都不肯售卖食物给他们一家。最终，蔡京被活活饿死，沦为后世的笑柄。

※------------------------------

对待名利的态度，能够看出一个人的境界和修养。看淡名利者，都是生活的智者；而执迷财富者，则多会自食其果。正如奸臣蔡京，空有财宝，却还是活活饿死，极具讽刺意味。这也告诫广大党员干部，要以平和之心对待"名"，以淡泊之心对待"利"，以敬畏之心对待"权"，要看透浮华生活的空洞本质，将注意力从低级的趣味中抽离出来，将短暂的人生时光寄托到远大目标上，廉洁自守、公正用权、笃行不怠！

6. 坚守规矩，廉洁正本心

"欲知平直，则必准绳；欲知方圆，则必规矩。"纪律和规矩是党员干部的行事准则，也是规范社会运行的行动指南，更是党组织兴衰成败的关键所在。回首党的百年历史，在物资匮乏、生存艰难的革命岁月，党员干部依旧能够恪守原则，做到不贪不占、不拿不取，归根结底在于他们能够始终如一地讲规矩、守纪律，这也是共产党得民心、受爱戴的原因之一。

守纪律、讲规矩，这就是党的要求。廉洁自律是党员干部的从政之本，不仅体现在思想道德中，更体现在纪律规矩中。个别领导干部缺乏纪律意识，喜欢小贪小占，热衷于享乐，也有个别党员干部对规矩没有丝毫的敬畏之心，滥用职权，大搞权钱交易、权色交易。无论是沉溺享受还是滥用职权，无论是小贪小占还是大包大揽，只要违背党的纪律、背离党的规矩，必然会受到惩罚，广大党员干部要铭记于心。

规矩是党员干部的守护绳。只有将规矩讲明、树牢，党员干部才会知道可为与不可为的界限，才能自觉约束自我、规正自我。规矩意识和廉洁品质是相辅相成的，党员干部想要做到清白为官、廉洁从政，首先要培养自己的纪律意识，只有懂规矩、知纪律，才能管好自己，更能约束好身边人。

党内规矩是刚性和软性的集合，既有硬性的行为规范，也有软性的文化约束，正如艰苦奋斗、朴素生活这些优良的传统，就是纪律和规矩在文化层面的体现。因此党员干部培养纪律意识，既要熟知法规法纪、党章规范，做到不逾规定、不触准则，又要不断学习和传承党的优秀文化和先进文化，善于从党史中继承优良传统、从先进人物事迹中收获思想感悟，砥砺品行，从实际行动中坚定党性修炼，做到廉洁自律。

------------------------------※

"爱人民要胜过爱自己，为人民要舍得自己。"这是老党员吴天祥常挂在嘴边的一句话，更是他终身为党为民的真实写照。

不论是在军队还是在地方，不论是基层干警还是中层领导，吴天祥变化的是身份，不变的是对纪律、规矩的坚守。在正式参加公职时，吴天祥就和家里人约法三章，要求"一是不搞特殊化，一切和老百姓一样；二是先人后己，生活向低标准看齐；三是家里任何人都不准收别人的东西，不准开后门"。

这既是他对家里人的严格要求，也是自己终身恪守的准则。身处公安部门，免不了和各种各样的人打交道，各种名义的红包也常常被送上家门，但吴天祥从未收过，他的家里人也从来没有乱拿过他人的礼物。即使是亲朋之间的走动，也是大礼不收，小礼等价偿还。

有权力自然免不了有人情，如何面对请托也是党员干部要面对的现实问题。在这方面，吴天祥以纪律为根本，坚持公私分明，即使是再亲再近的关系，违背纪律的事情一概拒绝。吴天祥的姐姐曾经请求他帮忙为外甥安排工作，本就是动动嘴的事，但是在吴天祥看来却是原则分明的公事，坚决不能做，这让姐姐大为恼火。吴天祥的女儿也曾经找到较为优渥的工作，但在父亲的劝说下还是放弃了，主动将岗位让给普通群众出身的其他女孩。

正是这种守纪律、守规矩的品质，让吴天祥获得了人民群众的认可，他连续获得多个荣誉称号，是一名无愧于党、无愧于人民、无愧于自己的优秀干部!

※

吴天祥是党的优秀干部,更是坚守规矩、纪律严明的忠诚战士。"人不以规矩则废,家不以规矩则殆,国不以规矩则乱",对组织而言,规矩直接关系到组织的凝聚力与战斗力。

党员干部面临严峻复杂的形势,必须强化纪律和规矩的约束力、震慑力。不难看出,在近些年的腐败案例中,多数腐败分子都表现出纪律意识淡薄的特征,有道是"无知者无畏",正是因为失去了对纪律的敬畏意识,才会让他们不守规矩、铤而走险。

※

公孙轨,南北朝时期北魏太武帝拓跋焘手下大臣,家境殷实,父亲曾做过广州刺史。年少时,公孙轨便以文采出众而闻名。

公元423年,太武帝拓跋焘即位,率军征讨十六国残余势力,公孙轨随军出征,最终北魏获胜。在庆功时,广场上摆满了各种战利品,拓跋焘下令让众人随意拿去。大家一看有这么好的机会,一个个疯了似的冲上前去争抢。

这时,公孙轨却纹丝不动地站在原地。拓跋焘见状,不禁有些意外,觉得公孙轨是一个廉洁自律的人。于是亲自挑选了几样值钱的物品赐给公孙轨,还将他当成廉洁奉公的表率。

可惜,当公孙轨的职位越来越高,他贪腐的一面就显露了出来。

一次,拓跋焘北伐柔然,命公孙轨征集老百姓的驴子运粮食。想不到公孙轨从中"揩油",要求送来的驴子要附上一匹绢帛,不然再壮的驴子都不收。一匹绢帛可不是寻常百姓能拿得出来的,一时间民怨四起,大家都讽刺公孙轨说:"驴子还有强弱之分吗?加上一匹绢帛就能变强壮了?"

还有一次，拓跋焘命公孙轨去上党讨贼，公孙轨却私下收受贼寇头目的贿赂，而后放任他们为非作歹。更过分的是，在贼寇打家劫舍之际，公孙轨也伺机巧取豪夺，大捞好处。当地百姓说："其初来，单马执鞭；及去，从车百辆。"意思是公孙轨来的时候骑着马，挥舞着鞭子，除此之外再无其他；可走的时候却要用一百辆马车盛装搜刮的金银财宝。

最终，拓跋焘看清了公孙轨的真面目，打算处死他，可还没等正式下令，公孙轨便因为恐惧患上急病，不久便病死了。

不难看出，公孙轨是个不守规矩的人，起码不能做到始终如一。规矩是红线、雷池，不可触碰，凡触碰者必将遭受相应的惩罚。新时代党员干部要把规矩放在首位、纪律挺在前头，将铁纪铁规转化为日常习惯并自觉遵守。

第九章
强化监督管理，构筑廉洁防线

强化监督管理、完善监督制度，是净化党内风气、推进廉政建设的重要保障。打造清正廉洁的政治生态要久久为功、常抓不懈，这就凸显出监督管理的重要性。党组织要围绕廉洁文化建设的中心任务，坚持系统观念、统筹兼顾，将监督活动纳入廉洁文化建设的方方面面，督促党员干部自觉砥砺品质、约束自我。

第九章　强化监督管理，构筑廉洁防线

1. 自我监督，促进廉洁文化建设

在推进廉洁文化建设的过程中，要内外兼修、统筹发力，既要发挥廉洁文化、廉洁思想的渲染力与引导力，让党员干部在内心种下崇廉尚洁的种子，也要发挥监督制度的规范作用，健全监督机制、用好监督力量，督促党员干部不敢腐、不能腐、不想腐，推动廉洁文化建设贯彻落实到底，协力推进政治生态建设。

监督是社会治理的内在要素，也是推进廉洁文化建设的重要保证。只有用好监督，加强对党员干部的督促与引导，才能真正让廉洁教育"扎下根来"。

一方面，需要强化日常监督，形成监督常态。将监督工作融入党员干部的日常活动中，关注党员干部的生活方式、思想状态、履责情况，及时对各类倾向性问题进行沟通交流，做到提醒预防；增强党员干部的警惕意识，加强党员干部的忧患意识，让党员干部能够时刻绷紧"纪律之弦"，真正扎牢"防腐拒变"的关口，确保权力为民所用。

另一方面，需要强化监督效能。用好科学手段，拓宽监督渠道，针对各类作风问题和腐败问题要及时发现、迅速反应、精准出击、高效解决，从而形成强大的震慑力，使监督制度成为高悬在腐败干部头顶的"利刃"，让更多的党员干部不敢生出贪腐之念，打消党员干部的侥幸心理。只有形成强效有力、权威高效的监督体系，才能真正发挥监督制度的功能，才能推进廉洁文化建设的有序部署、全面铺开。

廉洁文化建设不是"一时"之需，而是"一世"之事，关系党在人民群众心目中的廉洁形象，关系中国现代化事业的成功与否。因此，推进廉洁文化建设不仅要从"教育"上发力，更要借助"监督"去强效督导，确保党员干部不迷茫、不失位、不腐化，真正做到廉洁用权、秉公用权、为民用权。

在廉洁文化教育中，党员干部也要不断提升思想觉悟、升华道德境界，在全面监督下主动规范自我、约束自我，真正将廉洁思维内化于心、外化于行，确保党和人民赋予的权力始终用来为人民谋幸福。

------------------------------※

监督活动是筑牢反腐战线、推进廉洁文化建设的重要保障，在党内监督过程中就涌现出许多动人事迹，很多忠诚无私的监察干部以自己的行动维护着政风的清廉，守护着人民的利益，唐如业就是这样一位清正廉洁的好干部，他在检察工作中不断地发挥着自己的光与热。

唐如业是军人转业，思想坚定、党性纯正，在部队练就的干练作风让他在面对任何事情时都能做到一丝不苟，而在生活中他更是严格自律，从不沾染不良嗜好。

在检察院任职，免不了会被各种人请托，这也是考验检察人员党性修养的关键。在工作中，唐如业不止一次收到过红包，但无论数额大小，他都一一退回。而不为人知的是，唐如业的妻子下岗后，每个月只有微薄的数百元收入，而且为了给唐如业治疗癌症，更是变卖家产、负债度日，可即便在如此艰难的环境下，唐如业依旧不改初心。

唐如业是在1999年被诊断出舌下腺癌的，当时本应专心治病的他却始终放不下工作，在与死神殊死搏斗的同时时刻坚守岗位，保持着平均每8天办结一起案件的高效率。为了控制病情，他每天坚持五点钟起床，进行两个小时的锻炼，而后便去往单位上班，数年来风雨无阻，从不间断。

"耐得住寂寞，守得住清贫，才能对得起检察官这个神圣的称谓",这是唐如业的原话,也是他一生的坚守。

※

忠于职守是检察人员的职业素养,刚正不阿是检察人员必备的从业品质。唐如业爱岗敬业、恪守原则,不因生活的困顿改变初心,不因病魔缠身放弃岗位,这种高尚的品质值得党员干部学习。

想要保持政风的清明,就要强化纪律监督、用好法律规范,这样才能震慑贪腐人员。中国古代就高度重视监察监督制度的发展,在漫长的历史长河中也涌现出了诸多公正无私的监察人员。

※

高恭之,北魏大臣,以刚正不阿、清正廉洁著称。北魏时期,政权交替、朝政混乱,官员之间相互勾结,多有横行不法者,高恭之则始终严于律己、洁身自好。

北魏时期曾为监察官员设立御史台,专门负责监督百官,也是维护政治清明的重要屏障。高恭之曾担任御史中尉,在职期间公正无私、严守法纪,弹劾了诸多不法官员。

当时的权臣尔朱荣把持朝政,想要拉拢高恭之,但被拒绝。后想要安插亲信任职,再次被高恭之拒之门外。高恭之有自己的选拔标准,他考察各地官员、寻求贤才名士,从中选拔了数十名清正廉洁、刚正不阿的人前去御史台任职,负责监察百官、弹劾不法官员,而这批新上任的官员也多是敢于直言的忠臣义士,一度使得贪官污吏闻御史而变色。

※

"公生明,廉生威。"监督是推动廉洁文化建设的重要力量,更是实现党的自我净化和自我革新的重要方式。在监督中,监督人员首先要做好自我监督、自我检查,不断加强纪律意识,忠于职守、刚正不阿,这样才能让监督落到实处、发挥威力。

从宏观角度上看,组织部门要重视对监督人员的教育培养,完善监督制度,优化人员力量,强化监督权限,创新选拔标准,让更多廉洁干部涌现出来,并积极参与到监督活动之中,共同塑造良好的政治生态,引领和保障中国特色社会主义巍巍巨轮行稳致远;从微观角度上看,党员干部必须不断加强自我监督,强化制度意识、坚持问题导向,时刻保持清醒的头脑和高度的警惕性,如此才能为人民的事业做出更大的贡献。

2. 监督制度,廉洁从政的重要保障

旗帜鲜明讲政治,是中国共产党一以贯之的政治优势。在发展实践中,中国共产党既善于治理国家,也善于管理自己,不论在任何时刻都不忘初心、牢记使命,在这个过程中,党组织的思想教育发挥着重要的作用,而监督制度也功不可没。

任何组织想要稳定运行,任何权力想要公正行使,都少不了严格的管理机制、长效的监督机制。只有这样才能让党组织永葆生命力,才能实现让党员干部廉洁从政。

管党治党,不能仅仅寄托在党员干部的自我修炼和个人职业操守上,长效有力的监督机制才是有效的管理方式。完善的监督制度需要党内与党外共同发力,既要有专门行使监管职权的监管部门以及全面立体的监督流程,充分发挥政治监督的有效性与权威性,也要外引各方力量,实现精准对接、高速并轨,让各方力量成为党员廉洁从政的有力监督者,这样才能清扫迷雾、破除障碍,让贪污腐败分子无处可藏,更会对广大党员干部形成强烈的震慑效果。

有权必有责、有责要担当、失责必追究,监督制度是保证党员干部廉洁从政的重要手段,只有做到权责对等,才能震慑贪腐分子,令其不敢伸手。

我国的监督制度经过数次调整,逐渐趋于完善。2019年修订后的《中国共产党问责条例》正式明确了"实行终身问责",弥补了监督制度在时效上的弱项,将更多的"逃逸式""期权式"腐败现象予以清除,

有力地推进了全面从严治党工作的开展。

------※

某省人力资源和社会保障局原干部鲁某是在"终身问责"制度下现形的"老狐狸"。鲁某的工作年限长、资历深,20世纪70年代就已经参加组织工作,经过数十年的打拼,逐渐成为中上层干部,2018年正式退休。而这个看似勤勤恳恳的老党员,实则却是一个不折不扣的腐败分子。

2000年前,鲁某就已经腐化堕落,不仅在工作上漫不经心,更数次利用手中的权力为部分商人老板走后门、打招呼,从中牵线搭桥,获取丰厚的"佣金",这些钱也成为他退休后的"保障"。

2020年,已经离职两年的鲁某被牵扯到一起贪污腐败的案件中。在组织的审查下,他如实交代了自己任职期间的所作所为,并交代了不少贪污腐败的经历,最终鲁某被问责,开除党籍,取消退休待遇,并被移送检察机关依法审查起诉。

※------

权力和责任,是相互制约、相互补充的,是社会组织和个人行为中不可分割的两个方面,只有做到权责统一,才能有效制约权力的行使,强化责任意识。终身问责制度的出台,是对我国现有监督制度的完善。

权力的滥用对党和政府的形象有着巨大的损害,只有不断完善监督制度,做到严肃追责,对失职失责问题追查到底,才能真正起到震慑作用,让腐败分子不敢腐。

------※

明朝前中期,为有效遏制贪污腐败的发生,设置都察院。

明朝开国初期,很多将校身负军功,被封侯爵,安于享乐,却凭借权势欺压百姓,子弟中也多有不法者,使得百姓人心惶惶,敢怒不敢言。

刘伯温执掌都察院后,要求御史仗义执言、敢于弹劾,对任何违法乱纪的功勋子弟都要检举弹劾，不要有任何顾忌，这使得很多功臣子弟被惩处，各地的风气也随之好转。刘伯温自己也以身作则、刚直不阿，当时的宰相李善长是追随朱元璋打天下的功臣，受封国公，李家可谓权势滔天。中书省都事李彬是李善长的亲信，因为纵容下属而被治罪，刘伯温负责审查此事。他面对李善长的请求毫不动摇，而是秉公执法，在得到朱元璋的批准后将李彬斩首，从而震慑了朝廷上下的权贵。

※

监督干部只有做到公正无私、敢于直谏，将各类形式的问题全面暴露，才能让腐败分子真正"脱胎换骨"。作为监督活动的主要执行者，要像刘伯温那样具有不畏权贵的刚正品性，既要谨慎用权，也要切实履职，敢于将贪污腐败行为一查到底，将背后的"保护伞""撑腰人"通通打尽，这样才能营造清正廉明的良好环境。

同时，监督制度要与时俱进，不断完善。既要提升内部监督的效能，还要与群众监督、新闻监督、社会监督等各类形式的监督接轨联通，做到及时反应、高效对接，不忽略任何线索，不让腐败分子逍遥法外。

总而言之，在推进全面从严治党的进程中，要精准把握各类监督活动的特征与优势，统筹发挥监督活动的效能，形成监督合力，坚持追责到底，让腐败分子无所遁形。

3. 身边好友，最有力的谏言者

从善如流，方能有更大的成就。古往今来，可以看到许多成就伟业者多是能够虚心纳谏、从善如流之人，比如汉高祖，广纳各方意见、用之行之，从而开创了辉煌鼎盛的大汉基业；再如唐太宗，善于纳谏、广开言路，从而缔造了万国来朝的大唐盛世。正所谓"三人行，必有我师焉"，每个人都有长处，所以要善于听从他人的劝诫，时时自我勉励，裨补缺漏。

在生活中，党员干部也要善于听从朋友的正直之言，多思己身得失，做到"耳聪目明"，以更好地提升自我。

与朋友交往，出自真心，源自需要，重在坦荡无私、真诚敢言。党员干部交朋友，就是在寻找可以"正衣冠""知得失"的"铜镜"，所以十分需要朋友的直言不讳，从而在相互切磋中共同成长。

《道德经》中云："知人者智，自知者明。"很多党员干部会困溺在自己狭隘的视野中，对危险缺乏预警能力、认知能力，一旦犯错也缺乏修正能力，结果导致步入险途而不自知。而身边的益友、净友则如大海中的灯塔，他们的"诤言"好似当头棒喝，令党员干部瞬间警醒。正所谓"当局者迷，旁观者清"，党员干部自身在迷雾中兜兜转转，反而不如置身事外的朋友看得清晰、看得深刻。

"一生之成败，皆关乎朋友之贤否，不可不慎也。"人在成长过程中，不可不结交知心好友，真挚的友谊令人永久怀念，而朋友出于真心的良言更令人受益终身。就肩负责任与使命的党员干部而言，就更需要

第九章　强化监督管理，构筑廉洁防线

有良友、诤友从旁敲打、不断鞭策，这样才能时刻警惕，告诫自己要保持思想的纯粹和作风的纯正。

敢纳诤言才能"善作善成"，朋友的谏言虽然锐利无比，却能够激浊扬清，犹如一柄直插问题核心的利刃，党员干部执此利刃，便可洞见自我、照见不足，行而改之。归根结底，党员干部是否能够结交到益友、诤友，全看其自身是否有容纳八方的度量。若能对敢于直言、直陈弊病的"真朋友"坦诚相待，做到虚心接纳、交心言志，不但友谊能够长存，党员干部自身也会获得极大的提升。

----------------------※

真正的朋友会肝胆相照、敢于直言，人生需要诤友的时时监督、不断提醒，才会少走错路、弯路。在历史上，就有不少关于朋友之交的典故，如高山流水、割席断交、八拜之交。而曾巩与朋友之间相互勉励、相互监督的故事，则映衬出了友情的另一个效用。

曾巩，北宋时期著名的散文家、政治家，与二苏齐名。曾巩少年时期就天资聪慧，勤于诗书，且才思敏捷，出口成章，小小年纪就登科举而入仕途。

熙宁元年，曾巩为《宋英宗实录》检讨官，后外放地方任官吏。当时曾巩仕途失意、备受排挤，不免心中郁闷，常有弃官而去的念头。他时常写信给朋友倾诉苦恼，而友人收到信件后，则是好言开导，并说"官有守，私有系，会合不可以常也。"劝勉曾巩要奋发向上，不可沉溺堕落，更要洁身自好。就这样，在书信往来中，曾巩与友人畅谈道义、相互勉励，并重拾了信心。在之后的数年内，曾巩勤于政事、爱护百姓，辗转越州、齐州、襄州等地，颇有政绩，后被调回京城任职。

※----------------------

曾巩和朋友"相慰且相警"的交友之道值得后人学习。党员干部在廉洁从政的道路上，同样需要结交可以警醒自我的诤友，这样才能少犯错，甚至不犯错，又或者在犯错之后有人直言不讳。很多时候，党员干部个人修为与身处职位的缘故，不能正确看待自身的某些行为，这就需要知心友人时时监督、提出建议，令其不断自我修正，走上正途。因此，党员干部要多交能吐忠言的良友，坦诚相待，朋友也会化身监督者、规劝者，使自己从劝诫中吸取教训、改正错误，避免走上歧途。

公孙弘，西汉丞相。家境贫寒，在贫贱之时与邹长倩交好，遂引为知己。公孙弘在少年时被推选为薛县狱吏，后因为触犯法律被免去职务，只能靠放猪维持生计。邹长倩见状，及时伸出援手，给予救济，并劝勉公孙弘不要自暴自弃，应当发奋读书。

汉文帝前元元年，公孙弘的才名传播开来，更以通晓《诗》《书》而闻名，后被汉文帝征召为官。而这时，友人邹长倩则赠予他一个扑满（古代一种用来存放货币的容器，只能放入，不便取出，如果想取出货币须将其打碎），并劝诫道："士有聚敛而不能散者，将有扑满之败，而不可诫与？"这是借扑满劝勉公孙弘不要自鸣得意，更不要贪图财货，否则就会如扑满一样倾覆。

好友的劝诫令公孙弘有醍醐灌顶之感，他当即以扑满为诫，终身勉励。此后，他始终恪守训诫，从不自满，且清廉自守、克己奉公，即使身居高位依旧盖布被、食粗粮，始终保持着简朴的作风，他的这种品性也得到朝野上下的称赞。

"士有诤友，不行不义"，朋友相交，在于相互帮助、相互监督，在邹长倩的身上，我们就看到了这种难得的品质。因此，广大党员干部务必以史为鉴，以人为鉴，多交益友、诤友，以得到他们的监督提醒，从而提升自己。

党员干部想要做到廉洁自律，不仅要依靠自身的思想自觉与行动自觉，更要借助外界的力量，其中，结交有道之友显得尤为重要，这样的朋友不见得会在党员干部的仕途上添砖加瓦，却一定会在党员干部思想滑坡时给予爱与关怀，令其拨开迷雾，重见阳光。

4. 家中亲人，最无私的建言者

"八小时之外"，指工作时间以外的个人生活。

对党员干部工作时间以外的监督历来都是难点问题，因为其中涉及个人隐私。如何避免党员干部在"八小时之外"腐化堕落，如何约束党员干部的行为规范、保持党员干部的清廉本色？这就需要有"专门"的监督主体——党员干部的家人。

在党员干部的个人发展中，品质贤良的家人往往会提供不可比拟的助力。他们会在党员干部志得意满时敲响警钟，会在党员干部迷茫无绪时指明方向，会在党员干部行差踏错时及时纠正，会在党员干部误入歧途时引向正途。翻开历史，可以看到无数有关家人斧正为官从政者思想的鲜活事例，集中反映了家庭成员对个人道德品性与行为方式的深远影响。

家庭的影响力具有深远持久、润物无声的特点。家人贤明、知晓事理，党员干部便不容易误入歧途；家人多识、善于建言，党员干部便可以日有精进、裨补缺漏。可见，一个充满爱与和谐的家庭，会对党员干部的价值取向、道德品性和精神追求产生巨大的影响，而家庭成员的建言，也将在涵养党员干部廉洁情怀上提供源源不断的动力。

"八小时之外"，党员干部要多与家人谈心、多与亲人交心，耐心听取谆谆良言，善于汲取优秀经验；同时要从家人的建言中自查自省，作纵横对比、综合比较，检视思想与行动中的缺漏，"有则改之无则加勉"，做一名干净清爽、清正廉洁的好干部。

> 薛贵忠（化名）是某经济技术开发区纪工委的工作人员，他从上任之初，就深知纪检监察工作很考验党性修养，所以他始终洁身自好，这也得益于家里有一位时时监督他的"贤内助"。
>
> 薛贵忠的爱人是一名中学教师，价值观念纯粹、纪律意识很强，她不仅十分支持丈夫的工作，还时不时在思想上进行督促。"吃一点、拿一点、卡一点、要一点，早晚要毁在这一点；勤一生、德一生、廉一生、洁一生，多少幸福此一生"，在得知开发区有干部违规违纪被处罚后，她便发来廉政短信叮嘱，希望丈夫牢守纪律、恪守原则。
>
> 在生活中，这位贤内助更是丈夫的一面"铁盾"。因为薛贵忠工作的特殊性，经常有朋友请求帮忙，其中不少涉及纪律问题。这位贤内助则干脆利落，将各种请托全数挡了回去，让丈夫安心地为党工作。
>
> 这位贤内助总是保持着灵敏的嗅觉，约束着丈夫，让他踏实工作，安心生活。她对薛贵忠说："只有你廉洁正直，咱们家的日子才能幸福踏实。"

薛贵忠的爱人以实际行动向党员干部展现了"廉内助"的重要作用。在廉洁自律的道路上，家庭有时候会成为软肋，但有时候也会发挥出助廉促廉的功能，这是由党员干部所处的家庭环境决定的。

贤明的家人懂得事理、心怀纪律，能够时时刻刻起到督促告诫的作用，引导党员干部在廉洁从政的道路上不断前行。反过来，党员干部也要充分借助廉洁家庭的监督作用，不断提升拒腐防变能力。

家人是最无私的建言者，他们作为"局外人"往往看得更清楚、更细致，所以一旦党员干部动摇理想信念、思想懈怠，家人便会及时敲响警钟，劝阻或制止党员干部不廉洁行为的发生。作为党员干部的家人，有责任也有义务担起监督重担，争做勤俭清廉、义务监督的模范。

------------------------------※

古时候，有一个叫司马孟宗的官员，主要掌管渔业。当地的渔民对这位上官很是敬畏，时常会用捕捞的鲜鱼讨好他，他每每尝到这些美味的鱼肉就会思念远在故乡的妻子。

他的妻子也非常喜欢吃鱼，但因家贫根本吃不起。于是司马孟宗将鱼肉腌制好后，托人带给故乡的妻子。他本以为妻子会十分欢喜，但没有想到的是，这份鱼肉被原封不动地退回，并附带着妻子的书信。

"你做渔官，却把腌鱼寄给我，别人如何看呢？"妻子在信中对丈夫如是说道，而且为了表明志向，决定三年不再吃鱼。这番话让司马孟宗幡然醒悟，顿时明白了妻子的良苦用心。自此以后，司马孟宗不再收取渔民的鲜鱼，而且为官清正、为民谋利，得到了当地百姓的称赞，这段"妻劝夫廉"的典故也流传至今。

※------------------------------

古人云："家有贤妻，则士能安贫守正。"司马孟宗的妻子很好地诠释了贤妻的责任与担当，为今天的广大党员干部家属树立了榜样。

作为党员干部的"身边人"，亲属的影响至关重要。党员干部的家庭成员要主动做到与党员干部信念相同、目标一致，将纪律和规矩摆在首要位置，时时学习、不断钻研。既要管住自己行为、抵制外界诱惑，做到清清白白、干干净净，更要发挥规劝监督作用，吹好廉洁"枕边风"、念好家庭"廉洁经"。监督党员干部的生活作风，关注党员干部的工作日常，做到及时劝勉，促使党员干部清白为官，以实际行动筑起坚固的家庭反腐防线。

5. 闻过则喜，从意见中自我提升

从党性原则的角度来说，自觉接受监督是党员干部必备的从政素养，也是党员干部必须履行的义务。监督源于权力，权力来自人民，想要让权力有序运行、公正行使，必要的监督制度不可或缺。党员干部想要行权用权，就自然要接受组织的监督管理，做到遵纪守法、严守规矩。

监督既是对党员干部的"严要求"，也是保护党员干部的"安全绳"。每个人都有七情六欲，党员干部也不免会出现思想滑坡、行动懈怠的时候，必要的监督制度可以帮助党员干部"提神醒脑"，做到及时止步，避免步入歧途。所以，对党员干部而言，接受监督并不是"失去自由"，而是对自己更深层次、更全方位的保护。党员干部要自觉接受监督，勇于亮丑揭短，并善于扬长避短，实现自我修正。

"闻过则喜，知过不讳，改过不惮。"每个人都不是完美的，都有各种各样的不足。贤明的人对于自己的过错不会包庇隐瞒，反而会很高兴地接纳别人的意见，努力改正缺漏、完善自我，这种"闻过则喜"的品质也正是党员干部应当学习并具备的。"闻过则喜"，也与监督有着紧密的关联。因为监督，党员干部才会看到自身的不足，若以喜悦的心态闻过、改过，势必会获得长足的进步。

监督的功能是约束行为、规正过失，只有不断地检身改过，才会在工作中少犯错、少失误，才能真正承载起为人民服务的重任。

"不畏浮云遮望眼，自缘身在最高层。"党员干部肩负重任，就必须善于在监督活动中取长补短,在闻过反思中分清是非曲直。对于实实在在的问题既要勇于承认、虚心接纳,更要勇猛精进、持续修正,不断打磨自我、完善自我,逐渐蜕变为优秀的党员干部。同时党员干部要自觉追求清正廉洁、公而忘私的道德品质与精神境界,将之贯彻到生活的方方面面,并广开言路、虚心纳谏,多多听取他人的评价和意见,主动接受组织的全面监督,坚持在自我修正的过程中砥砺实干担当品格,培育海纳百川之包容气度,做到一身正气、两袖清风。

黄文秀,全国五一劳动奖章获得者、第七届全国道德模范、全国敬业奉献模范、"最美奋斗者"、全国优秀共产党员、感动中国 2019 年度人物、全国脱贫攻坚楷模、七一勋章获得者。她是人民的好干部,乡村的好支书。

2018 年,黄文秀正式担任广西壮族自治区百色市乐业县新化镇百坭村驻村第一书记。工作之初,因为缺乏工作经验,所以一开始她的很多想法不切实际。为了解决问题,黄文秀选择听教训、找差距。"我们这里穷了那么多年,真的能脱贫吗?"面对村民的不信任,黄文秀没有不耐烦,而是踏踏实实地做起了调查工作。

在村里,她没有支书的架子,更像是村民们的好女儿,每天拿着本子走家串户去了解情况,讲自己的扶贫规划、讲乡村的致富路子。面对村民们的挑错,她细致地记录着,回去后再查找资料、修改规划,慢慢地拿出好方案。

有的村民认为黄文秀说普通话不方便沟通,她就开始练习当地的方言;有的村民说她不了解当地的经济情况,她就去田里调研,走遍了周围的山头……就这样,黄文秀在村民的意见中不断地修修补补,最终拿出了发展砂糖橘的扶贫计划。很快,百坭村砂糖橘从 500 多亩发展到 2000 亩,种植砂糖橘的贫困户每户增收 2500 余元,她成功带着村民实现了致富创收。

《论语》言:"君子之过也,如日月之食焉。过也,人皆见之;更也,人皆仰之。"意思是,正直的人犯了错误就如同太阳和月亮被阴影所遮蔽,大家都能够看见;而在改掉错误后,就会得到大家的敬仰。闻过则喜是一种智慧,也是一种高尚的境界,正如黄文秀在扶贫工作中能够坦然面对自己经验不足的问题一样,她始终虚心接受意见,而后逐一改进,最终带领村民实现了致富创收,可谓"苦尽甘来"。

在日常生活中,党员干部要有闻过则喜的宽容心态,虚心听取别人的意见,坦然接纳自己的缺点与不足,并积极修正、持续弥补,不断完善自我、提升自我,以更卓越的能力迎接全新的工作,以更优质的服务提升人民群众的满意度。

"贞观之治"是中国历史上少有的治世局面,它为中华文明辉煌时期的到来奠定了坚实的基础。唐太宗之所以能缔造盛世,与他的从善如流、虚心纳谏有着不可分割的关系。

唐太宗继位的第二个月,就下令设立"弘文馆",这里不仅是招揽贤才的地方,也是唐太宗纳谏的场所。据史料上记载,便是"听朝之际,引入殿内,讲论文义"。在弘文馆里,唐太宗经常召集饱学之士讲学修文,并从中学习经验教训。每当有大臣谏言,直陈自己的过失时,唐太宗都会将这些奏疏贴在弘文馆的墙上,时时翻查,用作自省。

而对外,唐太宗则纳谏如流,鼓励谏官随意对自己提出意见,如果确有其事,就会给予重赏,以资鼓励。正是在这种开明的风气下,在贞观时期涌现了诸多正直敢言的谏臣、直臣,甚至敢和唐太宗据理力争,而太宗也从不加以责罚,他对其中有道理的谏言完全接纳,并归正自己。比如著名的谏臣魏征就经常劝诫唐太宗,还曾指责唐太宗溺爱皇子的事情,但都被唐太宗一一接纳,他也对魏征甚为倚重。从这些事例中可以看出唐太宗胸襟如海,以及闻过则喜的优良品质,这些都成为他开创盛世不可或缺的因素。

------------------------------------※------------------------------------

善于纳谏是唐太宗贤明的表现,也是开创伟业必不可少的品质。在谋事干事的过程中,党员干部要有闻过则喜的心态,不断检身改过,提升自我。第一,要有容忍力。对于别人的揭短不能怒目而视,而要坦然接纳,做到虚怀若谷。第二,要有明辨力。能够在闻过反思中分清是非曲直,多听意见、善于思考,逐渐把握正确的发展方向。第三,要有行动力。针对自己的问题要起而行之、自觉改正,不断审视自我,坚决与影响廉洁品质的因素打"持久战",继而在实践行动中不断弥补短板、发挥优势,努力做一名思想端正、政治过硬、作风优良的共产党员。